REVOLUÇÃO SISTÊMICA

PATRICIA CALAZANS

REVOLUÇÃO SISTÊMICA

UMA JORNADA DE TRANSFORMAÇÃO RUMO
AO PRÓXIMO NÍVEL DE CONSCIÊNCIA HUMANA

Copyright © Patricia Calazans, 2022
Copyright © Editora Planeta do Brasil, 2022
Todos os direitos reservados.

Preparação: Paula Queiroz
Revisão: Fernanda Guerriero Antunes e Equipe Editorial da Planeta
Diagramação: Anna Yue e Francisco Lavorini
Ilustrações: Bia Lombardi
Capa: Rafael Brum
Imagem de capa: Lukas Gojda/Shutterstock

Dados Internacionais de Catalogação na Publicação (CIP)
ANGÉLICA ILACQUA CRB-8/7057

Calazans, Patrícia
  Revolução sistêmica: uma jornada de transformação rumo ao próximo nível de consciência humana / Patrícia Calazans. – São Paulo: Planeta, 2021.
  256 p.

Bibliografia
ISBN 978-65-5535-523-9

1. Desenvolvimento pessoal 2. Autoajuda 3. Autoconhecimento I. Título

21-3706   CDD 158.1

Índice para catálogo sistemático:
1. Desenvolvimento pessoal

 Ao escolher este livro, você está apoiando o manejo responsável das florestas do mundo

2022
Todos os direitos desta edição reservados à
EDITORA PLANETA DO BRASIL LTDA.
Rua Bela Cintra, 986, 4º andar – Consolação
São Paulo – SP CEP 01415-002
www.planetadelivros.com.br
faleconosco@editoraplaneta.com.br

SUMÁRIO

INTRODUÇÃO 7
A CRISE EXISTENCIAL 10
   A CRISE DE CONSCIÊNCIA 13
   EVOLUÇÃO OU REVOLUÇÃO? 19
   POR QUE NOS AUTODESTRUÍMOS? 29
   POR QUE REPETIMOS PADRÕES? 37
O DESCONHECIDO 48
   CINCO NECESSIDADES BÁSICAS EMOCIONAIS 51
   AS ARMADILHAS EMOCIONAIS 59
   ONDE VOCÊ ESTÁ: "EU CRIANÇA" OU "EU ADULTO"? 109
   AS ORDENS DO AMOR 113
O APRENDIZADO 128
   INCLUSÃO: O CHAMADO DA CONSCIÊNCIA 131
   A JORNADA HEROICA CONSCIENTE 137
   SETE NÍVEIS DE CONSCIÊNCIA HUMANA 155
   ACEITAÇÃO: A PROVAÇÃO SUPREMA 187

A TRANSFORMAÇÃO 196
    PENSAMENTO SISTÊMICO: O NOVO PARADIGMA DA NATUREZA 199
    A RESPOSTA ESTÁ NA NATUREZA 205
    A RECOMPENSA: EXPANSÃO DA CONSCIÊNCIA 217
    COMPAIXÃO: O ELIXIR DA REVOLUÇÃO HUMANA 227
    COMO LIDERAR O NOVO MUNDO? 239
REFERÊNCIAS 245

INTRODUÇÃO

Alerta: Se você quer ficar na *normose* e deseja que o mundo continue do mesmo jeito em que está, recomendo que feche este livro agora e entregue-o para alguém que não se conforma com o status quo e anseia por transformações.

Você há de concordar comigo: o mundo está mudando em uma velocidade nunca vista, nossos antepassados não testemunharam tamanhas transformações acontecendo de forma tão rápida, conectada e complexa. Em nenhum momento da existência humana tivemos uma sociedade emocionalmente tão doente, cheia de traumas, compulsões, estresse, sendo atropelada por um volume gigantesco de informações e com tanta ignorância ao redor.

E a primeira provocação que faço aqui é: Onde vamos parar se continuarmos a viver da mesma forma?

Ao longo da história da humanidade, em função das experiências vividas pelos nossos antepassados, fomos condicionados a viver guiados pelo medo, focando nos riscos e no que ameaça a nossa sobrevivência. Este paradigma fez com que nos desconectássemos do amor e, por consequência, esquecêssemos de quem realmente somos.

Vivemos fugindo de nós mesmos, da nossa realidade, em busca de algo que nos falta ou que está fora de nós, para pertencer a um grupo, religião, partido, sistema familiar, entre outros, e também para atender às expectativas externas dos pais, da família, da empresa, da sociedade. Assim, ficamos presos a certas lealdades através de medo, dor, vergonha, culpa e ira. Nos aprisionamos no ciclo traumático vicioso vivido por diversas gerações passadas. Deixamos que a vida siga no seu "piloto automático" e adoecemos. Ainda chamamos isso de "normal".

Buscamos incessantemente algo fora de nós, à espera de um propósito, um sentido maior, uma fórmula mágica, uma fuga da realidade, algo que nos tranquilize e conforte, cada vez mais nos esquecendo de olhar para dentro. Vivemos para evitar a infelicidade ao invés de viver a felicidade plena. Por isso, precisamos revolucionar a nossa vida e nossa sociedade a partir de uma reflexão profunda sobre o que é ser humano, como sermos saudáveis emocionalmente e conectados ao amor ao invés do medo, resgatando nosso estado natural de ser.

Por que precisamos de uma revolução humana? Por definição, revolução é uma modificação profunda e completa, é subverter e transgredir ao status quo, desafiar a estrutura atual, abandonando ideias, modelos e paradigmas utilizados pela sociedade até então, para criar uma nova realidade.

Podemos entender que a revolução humana indica uma transformação profunda do ser humano, uma mudança interior da vida no nível mais fundamental do ser.

A revolução humana ocorre de forma sistêmica, pois a partir do momento em que uma pessoa amplia sua perspectiva além de seu mundo individual, restrito, comum e se esforça para realizar algo que vai além de si, que afeta e influencia o seu entorno, ela impacta toda a sociedade.

Por isso, a revolução humana é a mais fundamental de todas as revoluções, e a mais necessária para toda a humanidade, pois ela nasce a partir de um movimento interno, individual e transborda para o coletivo, modificando a forma com que as pessoas se relacionam.

O objetivo deste livro é provocar uma revolução no modo de ver a si mesmo e ao mundo, sobre o que é ser humano neste momento, em uma realidade cada vez mais complexa e dinâmica, que passa por tantas mudanças, apresentando um olhar sistêmico que nos prepara para uma nova era.

A ideia é que estas páginas sirvam como manual prático para sua expansão de consciência e auxiliem a compreensão sobre as dinâmicas ocultas que vivemos nos relacionamentos, a fim de que possamos nos libertar e evoluir enquanto humanidade.

Convido-o a fazer parte deste movimento de revolução sistêmica, através da reconexão com o amor, com a sua natureza interior e exterior; assim, poderemos evoluir juntos para o próximo nível de consciência humana.

> "Você não muda as coisas lutando contra a realidade atual. Para mudar algo é preciso construir um modelo novo que tornará o modelo atual obsoleto."
> Buckminster Fuller

A CRISE EXISTENCIAL

"CADA VEZ MAIS PESSOAS ENTENDEM:
ISTO NÃO É UMA CRISE, MAS
O FINAL DE UM CICLO."

JEAN-FRANÇOIS ZOBRIST

A CRISE DE CONSCIÊNCIA

De todas as crises que a humanidade já vivenciou, a que pode ser considerada a causa raiz de todas elas é a da consciência.

Mas o que seria considerada uma crise de consciência? Quando privilegiamos os interesses individuais diante do coletivo, ou fugimos da realidade para anestesiar nossos traumas e dores (esta fuga gera, a curto prazo, uma sensação de alívio ou conforto no primeiro momento, porém pode se voltar contra nós mesmos mais tarde).

Essa sensação de separação entre os interesses individuais e coletivos gera inúmeros prejuízos para a coletividade, resultando em desvio de valores, princípios éticos e morais. Tal crise se torna fonte de polarizações, inseguranças, arbitrariedades, movimentos separatistas, reações irracionais, entre outras adversidades. Promove a perda do equilíbrio, da união, da sustentabilidade, que são virtudes a serem construídas diariamente, para se evitar situações mais caóticas no futuro.

Construímos uma visão de mundo inconsciente, em que nos mantemos inertes, dormindo, seguindo o fluxo da *matrix*, sem tomar uma ação, apenas deixando as coisas acontecerem e esperando que algo melhore.

Visão de mundo inconsciente	Visão de mundo consciente
Polarização	União
Desrespeito	Respeito
Preconceitos	Empatia
Conflitos	Conciliação
Impotência	Movimento
Insegurança	Segurança
Doenças	Saúde
Desequilíbrio	Equilíbrio
Inconsciência	Consciência
Estagnação	Desenvolvimento
Competição	Colaboração
Desmatamento	Sustentabilidade
Caos	Ordem
Autodestruição	Evolução

Compensamos nossas faltas com excessos, estamos cada vez mais conectados à internet, às redes sociais, com grande volume de informações como nunca tivemos, desenvolvemos compulsões e vícios, e, ao mesmo tempo, nos sentimos cada vez mais perdidos, confusos e desconectados de nós mesmos. Essa desconexão gera uma série de sintomas em cada um de nós, na sociedade e no ecossistema.

Para conseguirmos fazer um movimento de transição para a visão de mundo mais consciente, é necessário ampliar nossa perspectiva e tomar consciência sobre nossos pensamentos, sentimentos e ações, para que estejam conectados ao que queremos.

Observar as leis da natureza pode nos ajudar a nos reconectarmos conosco, com as outras pessoas e com o todo.

Quando observamos a história dos nossos ancestrais, percebemos que fomos criados no paradigma da escassez, acreditando que não há o suficiente para todo mundo, que precisamos competir, controlar nosso ambiente e nossa vida para garantir conquistas materiais futuras e reconhecimento social. Esse pensamento moldou nossas crenças, fazendo com que nos afastemos totalmente de nossa natureza e passemos a viver dentro desse padrão, que consideramos "normal": uma vida de sacrifícios, de muito trabalho, pouco tempo livre e totalmente direcionada para conquistas e acumulação de recursos materiais ou sociais (como status, reconhecimento, bens e títulos) que garantam um futuro. Vivemos para conquistar, acumular, competir e consumir.

Com o passar dos anos, essa vida de sacrifícios, competição e conquistas cobra seu preço, que geralmente vem sob a forma de sofrimentos, sejam eles físicos (péssima alimentação, sedentarismo, maus-tratos ao organismo e doenças de um modo geral), mentais (transtornos de sono, ansiedade, depressão e vícios) e sociais (solidão, carência afetiva e conflitos).

Após enfrentar alguns ou vários anos desses sofrimentos e, muitas vezes, de já estar vivendo sob suas sequelas, quando chega na velhice, o ser humano se dá conta de que sua vida é consequência de suas escolhas, da importância que deu para coisas que não deveria ter dado. Percebe que não viveu a vida que gostaria de ter vivido, que não se dedicou suficientemente para as pessoas que gostaria de ter se dedicado. E que, quando era criança, vivia feliz. Então, se ainda tiver tempo, tenta viver assim novamente. Porém, para muitos, esta percepção surge somente à beira do seu leito de morte. Triste, não?

Uma enfermeira australiana, Bronnie Ware, passou muitos anos trabalhando com cuidados paliativos, perto de pacientes que estavam morrendo. Em 2012, ela escreveu um livro chamado *Antes de partir: Os 5 principais arrependimentos que as pessoas têm antes de morrer.*

Aqui estão os principais arrependimentos:

"Gostaria de ter tido a coragem de viver uma vida fiel a mim mesmo, e não a vida que os outros esperavam de mim."

Esse foi o arrependimento mais comum. Segundo Bronnie, quando as pessoas percebem que sua vida chegou ao fim, fica mais fácil ver quantos sonhos elas deixaram para trás. Como escreveu Bronnie: "A saúde traz uma liberdade que poucos percebem que possuem, até que a perdem".

Guimarães Rosa já dizia: "O correr da vida embrulha tudo, a vida é assim: esquenta e esfria, aperta e daí afrouxa, sossega e depois desinquieta. O que ela quer da gente é coragem". Não viva a vida que os outros querem para você. Não é incomum pessoas que cursam Medicina para agradar a família ou pelo status. Lembre-se de que no final da vida é só você consigo mesmo.

"Queria não ter trabalhado tanto."

A escritora revela que ouviu isso de todos os pacientes do sexo masculino de que cuidou. Eles perderam a juventude de seus filhos e a companhia das parceiras. As mulheres também citaram esse arrependimento, mas, como a maioria era de uma geração mais antiga, nem todas precisaram trabalhar fora para sustentar a família.

"Queria ter tido a coragem de expressar meus sentimentos."

Muitos acreditam que expressar seus sentimentos é sinal de fraqueza ou que isso não tem importância. A fim de viver em paz com outras pessoas, muita gente acaba suprimindo seus próprios sentimentos. De acordo com a enfermeira, alguns de seus pacientes até desenvolveram doenças por carregar esse ressentimento e nunca falar sobre o assunto.

"Gostaria de ter mantido contato com meus amigos."

Muitos ficaram tão envolvidos em suas próprias vidas que deixaram amizades valiosas se perderem ao longo dos anos. Demonstraram arrependimentos profundos sobre não terem dedicado tempo e esforço às amizades. Todo mundo sente falta dos amigos quando está morrendo.

"Queria ter me permitido ser feliz."

De acordo com Bronnie, somente no fim muitas pessoas percebem que a felicidade é, na verdade, uma questão de foco. "O medo de mudar fez com que eles fingissem para os outros e para si mesmos que estavam satisfeitos quando, no fundo, tudo o que eles queriam era rir e ter mais momentos alegres", conclui.

Hoje em dia, essa percepção já surge anos antes da velhice ou do fim, pois as pessoas estão pagando seu preço cada vez mais jovens, bem antes de se tornarem idosas, já no início da fase adulta ou até na adolescência.

Felizmente, algumas já compreendem que não desejam mais pagar esse preço alto e sofrer as mesmas consequências que seus pais, familiares ou amigos tiveram por terem vivido dentro desses padrões. Hoje, graças a essa nova visão podemos ver muitos jovens fazendo escolhas diferentes e mais conscientes, algo impensável alguns anos atrás, antes de essa percepção estar abundantemente disponível.

Podemos considerar as fases de vida de um ser humano como infância, adolescência, fase adulta e anciã. E agora, felizmente, cada vez mais cedo, podemos incluir a fase da consciência.

EVOLUÇÃO OU REVOLUÇÃO?

Quando olhamos as palavras evolução e revolução, percebemos que se diferenciam pelo R. É o "R" de responsabilidade que faz toda a diferença no movimento de transformação que podemos criar.

Inércia, procrastinação, zona de estagnação são os grandes obstáculos para essa revolução, isto é, para mudar o que precisa ser mudado e conservar o que se deve conservar. São atitudes particularmente negativas resistir à mudança, utilizar fórmulas antigas e ultrapassadas para resolver problemas atuais, deixando tudo como está quando as transformações são inadiáveis.

O mais perigoso disso é que se tem a impressão de que as coisas são como são, como se fossem nosso destino. E se reduz a capacidade criadora que difere a espécie humana das outras.

Na infância, nossa consciência ainda não passou por todo desenvolvimento necessário. Nessa fase, em nosso crescimento como ser humano, experimentar, errar, sofrer consequências, são elementos que nos fazem tomar consciência de ações, reações e pensamentos que causam um impacto útil ou prejudicial para nós mesmos. Este é o processo de aprendizado de um ser humano, a evolução natural de sua consciência.

Está relacionado ao processo de evolução da humanidade, ou seja, quando éramos caçadores-coletores, apesar de vivermos uma vida plena e abundante, não tínhamos essa consciência. Então, como humanidade, precisávamos experimentar, errar e sofrer as consequências para tomarmos consciência daquilo que causava um impacto útil ou prejudicial para nós. Assim como o ser humano, esse também parece ser o processo de evolução natural da humanidade.

O aprendizado do ser humano ocorre aos poucos, e para aquele ser que já despertou uma certa consciência, cada erro, consequência, célula, reflexão geram mais consciência. E, aos poucos, provoca ações, reações, aprendizados e desenvolvimento diferentes na vida de uma pessoa.

O mesmo acontece com a humanidade. Pouco a pouco, mais pessoas estão despertando para algum tipo de consciência, em busca de melhorar sua qualidade de vida, saúde, equilíbrio emocional, relação social, meio ambiente. E a soma desses despertares faz com que a humanidade como um todo também amplie sua consciência coletiva. E qualquer ampliação provoca ações e reações diversas e promove algum tipo de aprendizado e crescimento.

A diferença que existe entre um ser humano e a humanidade parece ser só uma questão de tempo, ou seja, enquanto o aprendizado de um ser humano ocorre em um período de oitenta anos, por exemplo, o aprendizado da humanidade está ocorrendo em um período de cerca de 200 mil anos, considerando somente o surgimento do *Homo sapiens*. Segundo Einstein, como o tempo é relativo, é possível que esses períodos estejam bem próximos um do outro, pois, no final das contas, tudo depende do ponto de vista.

Esse é o processo natural de experimentação, erro e aprendizagem do ser humano. Então, seja no caminhar de um indivíduo ou de toda a humanidade, a chave para a liberdade, plenitude e abundância está na consciência. Ela nos liberta, nos preenche e nos guia. Torna-se nosso grande propósito.

uma grande razão de ser. Pois se estamos vivendo esta existência, é certo que ainda não tomamos consciência de tudo que precisamos saber.

Ainda não aprendemos tudo que devemos aprender. Isso nos mostra que estamos em uma grande escola, para aprender, crescer e evoluir.

Em vez de "ser humano", deveríamos nos chamar de "aprender humano". Pois se não precisássemos aprender nada ou tomar consciência de nada, não faria o menor sentido nascermos, pelo menos não neste nosso mundo.

O aprendizado está em nossa essência e no nosso DNA. Quando crianças, desde a fase uterina, já estamos experimentando, errando e aprendendo. E a consciência é parte inerente desse processo de experimentação. A partir de determinado momento, ao experimentar, errar e aprender, as crianças tornam-se conscientes de seus corpos, de seu equilíbrio, das imagens que veem, dos sons, gestos e reações das pessoas, do estado emocional de seus pais. A cada momento, a criança vive totalmente atenta ao presente, experimentando, errando, aprendendo e desenvolvendo consciência de como lidar com tudo o que está ao seu redor.

Em respeito ao nosso próprio DNA, assim deveríamos continuar, vivendo uma vida em que aprendemos e adquirimos consciência de forma constante. Deveríamos, durante toda nossa jornada, não só como crianças, mas em todas as fases da nossa vida, aprender cada vez mais, através de experimentação, erro e aprendizagem livre, ampliando nosso estado de consciência da realidade ao nosso redor.

Segundo Richard Barrett:

> Se a consciência é uma condição do ser, podemos defini-la como a faculdade da mente que nos permite: estar cientes do que está acontecendo ao nosso redor e experimentar os nossos sentimentos; e extrair significado do que está acontecendo ao nosso redor e do que estamos sentindo para que possamos tomar decisões sobre como reagir ou responder a mudanças em nosso ambiente

de uma maneira que nos permita satisfazer nossas necessidades – fisiológicas e patológicas – para manter ou melhorar nossa estabilidade interna e o nosso equilíbrio externo. Sem a consciência, não seríamos capazes de reconhecer nem as ameaças à nossa sobrevivência nem as oportunidades de satisfazer as nossas necessidades.

Em outras palavras, pode-se dizer que consciência é "com ciência", ou seja, ter ciência de algo. Estar ciente ou ter ciência significa estar aberto e alerta, entendendo e procurando agir sobre a realidade que nos cerca aqui e agora, ou seja, sem perseguir ilusões que estão fora da nossa realidade presente e nem agindo como se essas ilusões fossem reais.

Ciência não é só teoria, envolve também conhecimento prático, com evidências empíricas. Portanto, parte inerente da ciência é a experimentação, a prática e a ação. O fato de só termos conhecimento teórico ou de sabermos algo não significa que estamos conscientes. Para isso, é preciso experimentar, vivenciar e transformar o conhecimento em práticas concretas.

O estado de consciência humana significa, tanto na teoria como na prática, estarmos cada vez mais cientes de quem somos, de nossa essência, nossa realidade, nosso campo de ação nesta vida, e, inclusive, daquilo que temos e que não temos controle.

É estarmos mais cientes dos impactos ou consequências em nossa vida, na vida do outro e no mundo. Ter ciência daquilo que pensamos, desejamos, acreditamos ou fazemos. Estar cientes das influências que recebemos e de como podemos, ou não, deixar que elas afetem nosso estado emocional e paz interior. Ter cada vez mais ciência de como podemos, ou não, viver nossa essência de forma mais colaborativa, contribuindo com as pessoas ao nosso redor, ao mesmo tempo que respeitamos a individualidade e o momento de aprendizado de cada uma delas. Cientes de que não existe ser humano melhor do que outro. Se qualquer indivíduo está aqui é porque também possui desafios a vencer para ampliar sua consciência. Ou seja, estamos todos juntos e somos iguais, nem mais, nem menos.

Cada vez mais nos tornamos cientes de que podemos sempre colocar em prática, aqui e agora, pensamentos e ações que fortaleçam e ampliam ainda mais nosso estado de consciência.

Podemos desenvolver nossa consciência durante todas as fases de nossa vida, se não tivéssemos sido educados para viver sob crenças ilusórias da escassez, da competição, das expectativas futuras e do controle. Ilusões que nos aprisionaram e nos afastaram do desenvolvimento natural da nossa consciência.

Será que em algum momento da vida nós recebemos uma educação, seja ela formal ou cultural, que nos ajudou a desenvolver mais consciência?

Infelizmente a resposta é não. Nunca recebemos esse tipo de educação ou orientação. Não fomos formal ou culturalmente educados para sermos seres humanos mais conscientes. Pelo contrário, o desenvolvimento de nossa consciência foi sendo interrompido a partir do momento em que fomos obrigados a adotar a escassez, a competição e o controle como padrões, e então passamos a viver em um mundo imaginário de apegos, de egos, de conquistas materiais e sociais, de expectativas de futuro e de aprisionamento às práticas do passado.

Otto Scharmer, autor da *Teoria U: como liderar pela percepção e realização do futuro emergente*, entende que vivemos um processo de transição de histórias e de consciências. Para ele, é fundamental e inevitável a aceleração de mudanças de paradigma, bem como, mais profundamente, a transformação de uma consciência ego-sistêmica para uma consciência ecossistêmica. Ele demonstra com diversas pesquisas em âmbito mundial que a humanidade se encontra em estado de ilusão e que conseguimos chegar ao ponto de estarmos vivendo uma vida totalmente desconectada de nós mesmos, de outros seres humanos e da natureza. Ele diz: "Sim, estamos em um ponto profundo, mas as coisas podem tomar um entre dois rumos: um ciclo de cocriação ou um ciclo de destruição".

Quanto menos consciência temos, mais iludidos vivemos e mais desconectados nos tornamos. Nesse estado, fazemos e buscamos coisas que acreditamos que nos levam a uma felicidade, mas que de fato estão contribuindo ainda mais para nosso próprio sofrimento e o dos outros. Por estarmos carregados de expectativas futuras e pouco atentos ao nosso momento presente, ou seja, a sensações e avisos que nosso corpo e as pessoas à nossa volta estão nos trazendo, não conseguimos perceber a conexão que existe entre as ilusões que perseguimos e as consequências dolorosas que sofremos. Aprendemos somente a justificá-las, ou a nos conformar com elas e achar que são inerentes à vida, ou a nos vitimizar diante delas. Crescemos em uma sociedade traumatizada e seguimos reproduzindo esses padrões de sofrimento.

O único caminho que nos tira dessa ilusão é a retomada daquele desenvolvimento de consciência que foi interrompido no passado, ao final de nossa infância, e que foi atrofiado ao longo de nossa vida. Pois a consciência pode, pouco a pouco, ir nos trazendo de volta para o aqui e agora, para a realidade, para a maneira mais eficaz, menos dolorosa e mais tranquila de lidar com a vida, com as pessoas e as situações que o mundo nos traz. O despertar da consciência pode nos trazer de volta para a maneira mais natural e saudável de viver, que é reconectada com a nossa essência, com os outros seres humanos e com a natureza, com força e paz interior que nos permitem lidar com qualquer situação da vida.

Joanna Macy diz:

> No estado presente das coisas, a sobrevivência da humanidade depende de que as pessoas desenvolvam uma preocupação sincera com toda a humanidade, e não apenas com sua própria comunidade ou nação. A realidade da nossa situação nos impele a agir e a pensar com mais clareza. A mentalidade estreita e o pensamento autocentrado podem ter nos servido bem no passado, mas hoje só poderão nos levar ao desastre.

Esse despertar nos permite perceber que o único momento que existe é o que estamos vivendo, e que nele temos o poder de cultivar cada vez mais essa nossa consciência. Temos o poder de refletir e de interagir com outras pessoas que estão buscando estar mais conscientes. E, como a humanidade é o espelho dos seres humanos que aqui estão, cada um de nós pode contribuir com o grande despertar de consciência coletiva. Portanto, o maior bem que podemos fazer para a humanidade, o maior legado que podemos deixar, é o despertar da nossa própria consciência.

E isso é algo sem volta. Pessoas podem lutar contra a consciência por estarem vivendo em uma ilusão. Mas alguém que despertou sua consciência, nunca consegue voltar para esse estado ilusório. Porque ela é muito mais forte do que a ilusão. Um indivíduo consciente sozinho consegue influenciar e despertar muitos outros. Porém, uma pessoa iludida sozinha, no meio de um monte de indivíduos conscientes, não consegue nada. Ou ela também desperta sua consciência ou some.

A ilusão só conseguiu se estabelecer em cada um de nós porque nos pegou em um estágio de nosso desenvolvimento em que nossa consciência ainda era um bebê, ou seja, quando ainda não tínhamos força e nem condições de estarmos cientes de nós mesmos.

Por outro lado, a ilusão de escassez, competição, controle e conquistas materiais e sociais que vivemos, e todo o sofrimento que ela gerou e ainda gera na humanidade como consequência, também não é um processo errado ou ruim. Foi o que nos trouxe até aqui e precisamos incluir e agradecer, pois foi o que nos manteve vivos até hoje. Não precisamos rotular a sociedade por ter feito essa escolha e por sofrer suas consequências. Tudo isso foi essencial para nós, porque está nos permitindo olhar para isso agora e iniciar este movimento. Talvez, se nada disso tivesse existido, não seríamos capazes de despertar neste momento.

O estado de consciência nos permite até mesmo ser gratos à ilusão e ao sofrimento que carregamos durante algum tempo. Porque ao experimentarmos, errarmos, sofrermos, entendermos e nos responsabilizarmos pelas consequências de nossos erros, aprendemos, desenvolvemos consciência, e, seguramente, nós, tanto o indivíduo por si só como a humanidade, não cometeremos o mesmo erro novamente. Portanto, o fato de querermos sair da ilusão não significa que ela foi ruim, significa aprender com os erros que cometemos; portanto, graças a esse aprendizado, nos tornamos seres humanos mais conscientes e uma humanidade mais consciente. Tudo é como deve ser.

E, no final das contas, temos certeza absoluta de que o mundo também estará se tornando cada vez melhor.

A força necessária para mover uma sociedade de um sistema para outro está no encontro entre os desafios externos e a ampliação da consciência humana. As separações ecológica, social e espiritual pressionam a emergência de um novo estado de consciência capaz de cuidar das causas desses sintomas.

A crise climática, a desigualdade social, o aumento progressivo de infelicidade e doenças psíquicas, ignorados pelo modo de operar da economia atual, já não podem mais ser negligenciados. Isso ressoa diretamente com um novo estágio de consciência humana para o qual estamos caminhando, em resposta aos desafios apresentados.

Esses são grandes desafios. É o amanhã que temos que cocriar. Como diz John Fitzgerald Kennedy: "Não existe nenhum desafio que se coloque além da capacidade criadora da espécie humana".

MANIFESTO DA APPLE

"Isto é para os loucos.

Os desajustados.

Os rebeldes.

Os criadores de caso.

Os que são peças redondas nos buracos quadrados.

Os que veem as coisas de forma diferente.

Eles não gostam de regras.

E eles não têm nenhum respeito pelo status quo.

Você pode citá-los, discordar deles, glorificá-los ou difamá-los.

Mas a única coisa que você não pode fazer é ignorá-los.

Porque eles mudam as coisas.

Eles empurram a raça humana para a frente.

Enquanto alguns os veem como loucos, nós vemos gênios.

Porque as pessoas que são loucas o suficiente para achar que podem mudar o mundo são as que, de fato, mudam."

Apple – Texto do comercial "To the crazy ones" da marca Apple de 1997.

POR QUE NOS AUTODESTRUÍMOS?

Pensar que alguém pode se autodestruir parece loucura, no entanto é um impulso que todos nós temos em maior ou menor grau. Sigmund Freud descobriu que todos nós temos um impulso para a vida e para tudo o que é construtivo, o que denominou de "pulsão de vida". No entanto, também temos o impulso oposto, que se inclina para a morte e a destruição, que ele chamou de "pulsão de morte".

Essa seria uma das razões pelas quais as guerras ocorreram ao longo dos tempos e em todas as culturas. É também a razão pela qual muitas pessoas desenvolvem sintomas e comportamentos autodestrutivos.

Segundo o médico Dr. Gabor Maté: "As pessoas que se afundam nas drogas são as mais frágeis". Gabor é um dos especialistas mais respeitados do mundo em dependência química. Segundo ele, para entender o que leva o ser humano a esses comportamentos, às compulsões e aos vícios, é necessário observar seus benefícios.

O que o vício causa em você? As pessoas costumam dizer a ele que o vício "oferecia um alívio para a dor, uma saída para o estresse, dava um senso de conexão, uma noção de controle, de significado, a sensação de estar vivo, entusiasmo, vitalidade".

Em outras palavras, o vício preenchia uma necessidade que era essencial, mas que não tinha sido satisfeita na vida daqueles indivíduos. Todos esses estados, da ausência de conexão e do isolamento até o estresse no dia a dia, eram dores emocionais.

Então, o que se deve perguntar sobre dependência química não é "qual é o seu vício?", mas, sim, "qual é a sua dor?".

Quando se olha para uma população de dependentes químicos, o que se observa é que quanto mais adversidades na infância, maior o risco de dependência. Então, o vício está sempre relacionado ao trauma e às adversidades vividas na infância, o que não significa que todas as pessoas traumatizadas se tornarão dependentes, mas que todos os dependentes passaram por traumas.

O tratamento para isso exige muita compaixão, ajuda e compreensão, em vez de consequências severas, medidas punitivas e exclusão.

Não estamos ajudando as pessoas a lidar com seus traumas e resolvê-los. Nós continuamos a perguntar "o que está errado com você?", quando deveríamos perguntar "o que aconteceu com você?".

Os comportamentos autodestrutivos geralmente se manifestam de maneira inconsciente e o primeiro passo para modificar esse tipo de conduta prejudicial consiste em fazer alguns questionamentos a si mesmo. Quando esse comportamento começou a aparecer na sua vida? Qual o benefício imediato que você obtém com esse padrão? Ao beber, por exemplo, você esquece os problemas do trabalho ou do casamento? Ao comer compulsivamente, você preenche vazios emocionais como uma carência afetiva?

É fundamental tomar consciência de que as atitudes autodestrutivas são tentativas malsucedidas de superar as dificuldades, de maneira imediata. Quando começamos a perceber os maus hábitos como um padrão enraizado na rotina, eles passam a desenvolver sentimentos que podem variar entre culpa, revolta ou pena de si mesmo, gerando gatilhos que se transformam em um círculo vicioso.

Geralmente, uma das causas também podem ser as emoções não expressadas, negadas, excluídas ou reprimidas, como a raiva. Na realidade, esses impulsos agressivos são direcionados para o outro, mas por algum motivo não foi possível expressá-los. Nesses casos, a agressão acaba se voltando contra a própria pessoa. Dessa forma, ela aprende a se comportar como o seu pior inimigo e desenvolve uma personalidade autodestrutiva.

> "O que negas te submete, aquilo que aceitas te transforma."
> Carl Gustav Jung

Carl Gustav Jung define como sombra aquilo que a pessoa não tem desejo de ser ou que desconhece sobre si mesmo. Em outra descrição: "Aquilo que é invisível, rechaçado, agressivo, negado, odiado, repudiado, vingativo, primitivo, pavoroso".

A sombra, quando negada ou ignorada, atua como processo de autossabotagem psíquica, afetando direta e indiretamente nossas escolhas, comportamentos, falas e posturas.

Deepak Chopra aponta que o "efeito sombra" pode ser entendido como tudo aquilo que não aceitamos de negativo em nós mesmos e que não queremos mostrar aos outros. É aquilo que nos incomoda, que escondemos, ignoramos, porque temos medo de lidar com eles. Podem ser sentimentos, emoções, eventos traumáticos e traumas adquiridos desde a nossa infância.

Dessa maneira, a sombra é tudo aquilo que não queremos ser, mas somos. É aquele sentimento escondido de todos, e, por ser assim, acabamos por visualizá-lo nos outros, apontando e julgando as pessoas. Projetamos em alguém, por não reconhecer em nós mesmos. Nesse momento, diversas emoções entram em ação: medo, raiva, culpa, rancor, mágoa etc.

A sombra não reconhecida em nós manifesta-se na forma de comportamentos, crenças e ações que, em seus efeitos a curto e longo prazo, são prejudiciais ou nos mantêm em um ciclo repetitivo e de desgaste emocional.

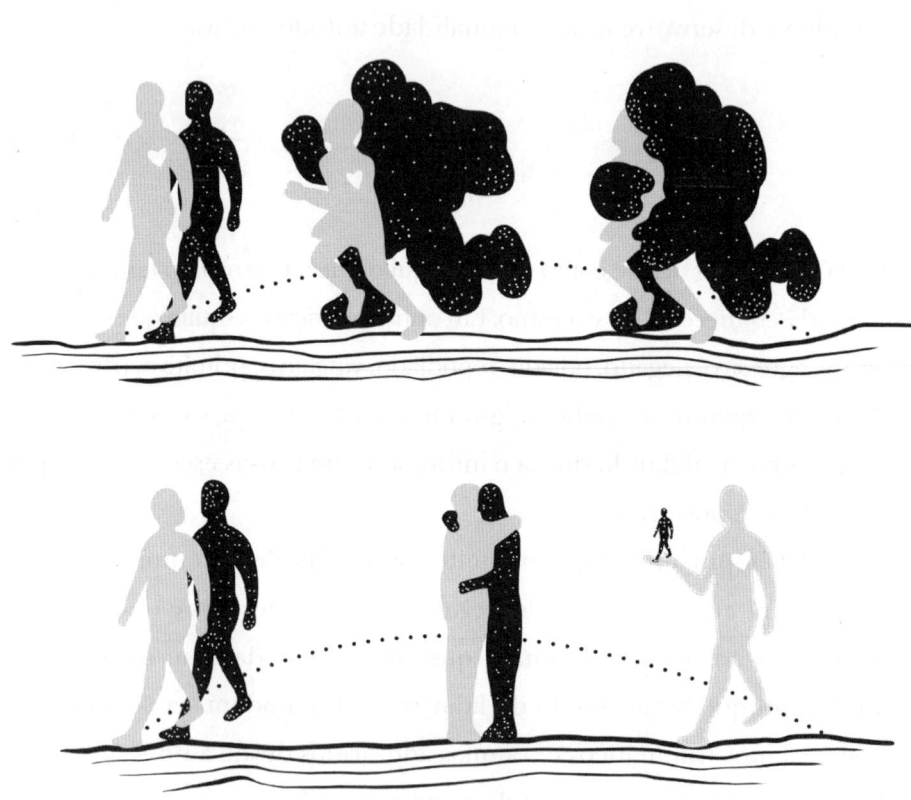

Luz e sombra

Fonte: Adaptada da ilustração de Sako Asko. Disponível em: https://br.pinterest.com/pin/433119689155189745/. Acesso em: 15 ago. 2021.

Jung relaciona a sombra ao oculto, ao inconsciente, ao misterioso. Tanto o conceito de luz como o de sombra fazem parte de nós. Estão na nossa psique, personalidade e no nosso mundo interno. Todo ser humano possui aspectos de luz e de sombra. O comportamento de autossabotagem é um fator comum a todos os seres humanos, sem exceção.

O aprendizado em relação à sombra é como integrá-la à nossa vida, sem excluída ou negá-la. Ao tomar consciência dela em nosso dia a dia, podemos utilizá-la a nosso favor, e não contra.

O QUE APRENDER COM O COMPORTAMENTO AUTODESTRUTIVO?

O comportamento autodestrutivo é, ao mesmo tempo, o problema e a solução. Por exemplo, estamos cientes de que as compras compulsivas são problemáticas. Mas um olhar mais atento nos permite perceber que elas também são uma forma de lidar com um outro problema, que permanece escondido ou fora da nossa consciência. Enquanto permanecer dessa maneira, o ciclo indesejado de comportamentos e o sofrimento emocional associado a ele persistirão.

Segundo Dr. Gabor Maté: "Drogas não causam dependência". Como assim não causam? E os dependentes químicos em situação de rua que ficam no centro da cidade? Ele explica: "A dependência não reside na droga, ela reside na alma". Quem sofreu abusos severos na infância acaba tendo sua química cerebral alterada devido ao trauma e cresce com um grande vazio na alma.

Frequentemente, esse vazio acaba sendo preenchido com alguma dependência, compulsão ou vício. Pode ser uma droga, ou qualquer outro comportamento que traga algum alívio, ainda que temporário: compras, sexo, jogo, comida, religião ou internet.

A cura para a dependência, portanto, é o preenchimento do vazio na alma. Gabor, aliás, sabe muito bem do que está falando por experiência própria, afinal, sentiu esse vazio. Ele nasceu em Budapeste, em 1944, durante a ocupação nazista, com a mãe deprimida, o pai preso num campo de trabalhos forçados, os avós assassinados pelos alemães. Quando cresceu, para aliviar a dor emocional que sentia, desenvolveu uma dependência: "Virei um comprador compulsivo".

Sobre a origem desses comportamentos, nessa perspectiva, podemos dizer que as crianças que foram muito maltratadas acabam virando adultos viciados. E aí, o que nossa sociedade faz? Maltrata essas pessoas. Gabor diz: "Nós punimos as mesmas crianças que falhamos em proteger", gerando esse círculo vicioso.

Começamos a perceber aqui que o único jeito de lidar com alguém que sente esse vazio na alma é através da compaixão. O que essas pessoas precisam não é de cadeia nem de conversão forçada, é de compreensão e de ajuda para encontrar algo que as auxilie a resgatar o sentido para suas vidas.

Com ajuda terapêutica, o que está oculto é revelado, permitindo a ampliação da consciência a respeito desse vazio. À medida que a terapia avança, o terapeuta dirige a atenção para certos aspectos das experiências, revelando dimensões ocultas que podem estar relacionadas à questão.

A maioria dos comportamentos autodestrutivos foi gerada por necessidades não atendidas. O desafio é descobrir as raízes dos problemas para construir uma resposta mais saudável.

Para sair do círculo vicioso é fundamental buscar a compaixão, parar de se culpar, assumir a responsabilidade pela sua cura e encontrar novas maneiras para modificar o que não está dando certo na sua vida. Fixar-se na dor, culpa e vitimização não contribui para a evolução de consciência e para seu crescimento pessoal.

AS COLHERES DE CABO COMPRIDO

"Conta uma lenda que Deus convidou um certo homem para conhecer o céu e o inferno.

Foram primeiro ao inferno.

Ao abrirem uma porta, o homem viu uma sala em cujo centro havia um caldeirão de substanciosa e cheirosa sopa e à sua volta estavam várias pessoas, famintas e com um olhar que mostrava desespero. Cada uma delas segurava uma colher. As colheres tinham um cabo muito comprido que lhes possibilitava alcançar a sopa dentro do caldeirão, mas não permitia que colocassem a sopa na própria boca.

O sofrimento daquelas pessoas era grande.

Em seguida, Deus levou o homem para conhecer o céu.

Entraram em uma sala idêntica à primeira: havia um caldeirão igual, as pessoas em volta segurando uma colher com cabo comprido. A diferença é que todas as pessoas estavam alegres, saciadas em sua fome. Não havia fome nem sofrimento no olhar daquelas pessoas.

'Eu não compreendo', disse o homem a Deus. 'Por que aqui no céu as pessoas estão felizes, enquanto lá no inferno morrem de fome e aflição? As duas salas são iguais, com as pessoas usando em ambas as salas colheres de cabo comprido para pegar a sopa.'

Deus sorriu e respondeu:

'Você não percebeu a diferença? Aqui no céu as pessoas aprenderam a dar comida umas às outras. Lá no inferno as pessoas estavam preocupadas somente com elas, com a própria fome, impedindo que pensassem em ajudar aos outros. Cada uma pensava somente em si mesma, em como tomar a sopa com aquela colher comprida. Já aqui no céu, a situação é bem diferente. As pessoas perceberam que tinham que trabalhar em equipe, uma equipe solidária e participativa, cada um ajudando o outro.'"

Autor desconhecido

POR QUE REPETIMOS PADRÕES?

Você já se pegou repetindo padrões que, no passado, prometeu a si mesmo que não repetiria mais? Ou, então, já se deu conta de reproduzir comportamentos dos seus pais ou de alguém da sua família que você sempre julgou errados?

É uma experiência frustrante repetir os mesmos padrões, apesar de desejarmos o contrário. Dentro disso, podemos considerar procrastinação, relacionamentos abusivos, consumo compulsivo, vícios etc.

Assim são os padrões repetitivos. Eles podem se manifestar de várias formas. Por exemplo, nos relacionamentos: você termina uma relação e inicia outra com uma pessoa completamente diferente da anterior, mas em pouco tempo os mesmos problemas e conflitos surgem.

Isso pode se manifestar como estados depressivos, de ansiedade, pânico, doenças, mesmo você mudando o estilo de vida, saindo daquele emprego de que não gostava, ganhando mais dinheiro, mudando de trabalho, de cidade, por aí vai.

Algumas tradições orientais descrevem o ciclo da vida e da morte como uma experiência e chamam esse fluxo de "Roda de Samsara", que é o conhecimento sobre a condição espiritual daqueles que se encontram encarnados na Terra. O conceito foi criado pelos hindus e budistas e chegou até nós, ocidentais, na segunda metade do século XX e expressa a roda da vida e da morte, ou seja, o fluxo incessante dos renascimentos através dos milênios.

É uma ideia semelhante ao karma ou à reencarnação, em que uma consciência que está vivendo uma experiência no agora já teve outras vidas no passado. Os conceitos que tratam da Roda de Samsara podem ter nomes diferentes, mas, entre eles, provavelmente a analogia mais interessante consiste na Lei do Retorno ou da Ação e Reação, segundo as quais somos totalmente responsáveis pelos efeitos que nossas ações têm nos outros e no mundo.

Qualquer fenômeno, processo ou ação que um ser vivencia causa efeitos e consequências, sendo que algumas vezes gera perturbações que precisam ser ajustadas e internalizadas naquela alma.

A Roda de Samsara possui ciclos que permitem que os espíritos vivam diferentes experiências na matéria e experimentem poder, subjugamento, riqueza, pobreza, saúde, enfermidade. Enfim, possibilitam a vivência de todos os aspectos positivos e negativos que uma encarnação pode oferecer. Em cada uma dessas possibilidades, o espírito que adquire conhecimento e evolui fica mais próximo da verdade ou do "Eu Superior", como alguns costumam chamar.

A Roda de Samsara seria então uma prisão ou um processo de evolução?

Padrões repetitivos podem se tornar prisões em que nos colocamos, quando ficamos presos a uma fixação, ideia, crença, hábitos, lealdades ao nosso sistema, que nos impedem de enxergar novas possibilidades e novos caminhos.

Um exemplo de padrão repetitivo a partir de crenças culturais é quando uma mulher é pressionada a ter filhos sem vontade, porque teria sido feita para isso. Ou quando alguém se torna médico porque vem de uma família de médicos, e não poderia fugir da tradição.

Você já deve ter visto uma história assim ou até se identificou com alguma delas.

Revolução

Involução

Evolução

Vida – Morte – Renascimento

Roda de Samsara

Fonte: Adaptada da Roda do Dharma.
Disponível em: https://www.istockphoto.com/br/vetor/s%C3%ADmbolo-da-roda-de-dharma-gm1199032804-342889752. Acesso em: 15 ago. 2021.

É difícil abandonar o padrão repetitivo quando ele oferece um certo conforto por causa da familiaridade que ele traz. O ser humano se sente mais seguro com situações previsíveis, além de altamente estressado numa nova situação, ainda mais se for imprevisível.

Geralmente, optamos pelos caminhos que já conhecemos, por mais penoso e desastroso que seja. Todos os padrões não saudáveis nos aprisionam, pois nos impedem de experimentar uma situação nova, uma cura, um reequilíbrio.

Quem faz a roda girar somos nós, então, obviamente, somente nós podemos fazê-la parar. O conceito de prisão não parece certo, já que passa a ideia de que o indivíduo foi colocado ali contra sua vontade e somente um outro poderia libertá-lo, o que não é o caso, pois nós somos capazes de sair das situações que atraímos para nossa realidade.

A solução para sair de Samsara é bastante simples: a libertação só é possível através da tomada de consciência espiritual e da superação da condição de sombra, em que somos aprisionados pela materialidade e pela ilusão que ela cria. Assim, nos afastamos da busca pela verdade e dedicamos a vida para questões materiais e egoicas, gerando mais e mais karma.

O conto Zen sobre Samsara traz uma reflexão incrível. O monge perguntou ao mestre: "Como posso sair de Samsara?". E o mestre respondeu: "Quem te colocou nela?".

A Roda de Samsara não traz aprisionamento, e sim oportunidades. Para sairmos dela precisamos evoluir ou expandir nossa consciência. Só se liberta quem consegue tomar consciência e utilizar suas experiências para seu próprio crescimento. A compaixão e benevolência nos oferece as oportunidades para que isso aconteça, pois a missão de todo o espírito é percorrer esse caminho da expansão e potencialização das nossas características, seja expandindo ou regredindo para ascender de novo. Então, as oportunidades são para todos, e depende de cada um de nós aceitar as condições e buscar, através delas, a expansão da consciência.

Entretanto, existem alguns hábitos que podem acelerar nosso despertar, pois refletem positivamente em nossos corpos mental, emocional e físico, trazendo luz não só para nós, mas também para quem nos rodeia.

Na constelação sistêmica, identificamos esses padrões com muita nitidez. E só de fazer isso você tomar uma postura diferente e mais consciente. E, apesar de todo o sistema estar pedindo por uma evolução e incentivar você para isso, tal mudança exige coragem porque a sensação inicial é de estar indo contra as tradições ou os padrões familiares.

Nós somos filhos do nosso passado,

e, quando não nos tornamos escravos dele,

podemos viver livres no presente e assim

começamos a gestar um novo futuro.

QUEM ESCREVE O SCRIPT DE SUA VIDA?

Sabe aquele velho script conhecido? Crescer, estudar, se formar em uma faculdade, namorar, casar, ter filhos, ter um bom emprego, trabalhar, trabalhar, trabalhar, se aposentar e morrer? E quando vêm as cobranças externas: E aí, quando vai se casar? Se já se casou: Quando vai ter filhos?

Sempre me perguntei: A vida é só isso? Será que sou obrigada a viver dessa forma?

Você já parou para pensar em quem está escrevendo o script de sua vida? É você mesmo que cria o seu roteiro de vida ou está seguindo algo escrito por outras pessoas? Já teve a sensação de estar vivendo uma vida que não é sua?

Quem questionou isso pela primeira vez foi o psicólogo Eric Berne, em 1956, que estruturou a análise transacional. Ele chamou de roteiro ou script o plano inconsciente de vida que a pessoa cultiva na primeira infância, totalmente influenciada pelos pais, justificado por acontecimentos que direcionarão suas ações nos processos mais determinantes da sua existência.

Assim como no teatro, cinema ou na televisão, em que há um script com as instruções escritas que devem ser seguidas, nós também prosseguimos inconscientemente com esse roteiro, que guia nossas atitudes, comportamentos, para que seja montado um espetáculo conforme o autor imaginou.

A nossa vida segue um plano oculto desde o início. Por tal razão, podemos compará-la a um filme, que segue um roteiro em cada detalhe e determina como ele termina.

É dessa maneira que a vida procede do início até o fim. A pergunta é: De onde vem o nosso script de vida? Quais forças o determinam? Por que já sabemos antes dos 6 anos de idade qual será o nosso script? Podemos fazer alguma mudança? Ou podemos ao menos nos posicionar para evitar o pior? Quem ou o que pode ajudar? Alguns já conhecem o seu script mesmo antes de começarem a sua trajetória. E o seguem até que se realize.

Em resumo, todos nós temos comportamentos que se repetem e podem passar despercebidos ao longo da vida. Esse roteiro atinge vários aspectos da vida humana, como: escolhas, pensamentos, de que maneira você se vê e o que pode ou não fazer.

Para Eric Berne, o script de vida se forma durante a infância, como resultado de decisões limitantes tomadas por nós mesmos. Sendo assim, ao observar os adultos e se deparar com situações externas, a criança aprende e cria uma espécie de "manual de sobrevivência".

COMO COMEÇAR A PERCEBER SEU SCRIPT DE VIDA?

Primeiro você pode se perguntar: Mas eu preciso mesmo mudar esse script? Lógico que não, ninguém aqui é obrigado a nada. O mais importante é tomar consciência dele e se questionar como você está em relação a esse script.

Antes de querer mudar, saiba que está tudo bem seguir ou não esse script de vida.

Se você está feliz, ótimo. Significa que o script está de acordo com seu coração, suas próprias ações fazem você sorrir, as atitudes despercebidas acarretam uma sensação de bem-estar, as decisões cotidianas se repetem trazendo alegria e realização. Mas se, no fim das contas, você se sente infeliz, travado, paralisado, se a angústia se faz presente na sua vida, se acorda de manhã e uma inércia ou desmotivação se instala no seu coração antes mesmo de iniciar o dia, aí sim, temos um problema.

O mais importante é se perguntar: Como estou em relação a isso? Estou vivendo no piloto automático, deixando o script de vida me levar (como cantaria Zeca Pagodinho)? Estou ciente dele e preciso fazer os ajustes necessários para assumir a direção do filme da minha vida?

Se você nota comportamentos repetitivos, existe uma boa chance de estar agindo de acordo com um script de vida que não é seu. Ele se baseia em um plano que guia suas ações de maneira inconsciente. Portanto, o primeiro passo é se observar mais e perceber atitudes que sejam desagradáveis ou danosas para você, ações após as quais se sinta insatisfeito, infeliz, que se veja obrigado a realizar em função de direcionamentos familiares, religiosos, culturais etc.

A partir da autopercepção e do autoconhecimento, você consegue encontrar elementos para validar se o seu script precisa de revisão. Aí você pode fazer novas escolhas e mudar o script de sua vida, a partir de uma nova postura sistêmica. À medida que você se conhece e se torna mais consciente, é possível substituir comportamentos limitantes e prejudiciais por positivos e que o levam aonde deseja.

EXERCÍCIO DE SCRIPT DE VIDA

Estas perguntas iniciais ajudarão no seu primeiro movimento de transformação:

- Qual é o meu script de vida? Qual a influência dos meus pais nele?
- Quais são os padrões que venho repetindo em relação ao fluxo de vida da minha família (mãe, pai, avós etc.)?
- Quem sou eu? Quem desejo ser é diferente do que esperam que eu seja?
- Quanto meu script ressoa com meus reais planos de vida?
- Estou feliz com o script que estou vivendo? Ou me sinto mal por ter que cumpri-lo? O que me incomoda?
- Reajo aos questionamentos sobre como deveria viver minha vida?
- Minhas ações são movidas para atender às expectativas externas, da família, sociedade, religião etc. ou ajo a partir das minhas próprias escolhas de forma consciente, vivendo de acordo com minhas crenças e valores?
- Estou consciente das minhas escolhas ou seguindo no piloto automático?

CAMINHOS PARA QUEBRA DE PADRÕES

Quebrar um padrão significa tomar consciência e desapegar-se de todas as suas crenças sobre o que é a vida, a sua carreira, seus relacionamentos, sua família e quem você é para a sociedade. Esse processo exige um desapego muito grande. É um exercício de consciência de que existe algo muito melhor além dessas grades que nos mantém presos a nossas crenças e apegos.

Alguns possíveis caminhos para se libertar desses padrões:

1. Tome consciência da existência dos padrões repetitivos

Aqui você começa a observar e perceber algo que vem se repetindo na sua vida ou na de sua família. Alguns padrões você pode perceber de forma mais óbvia, outros aparecem de modo mais disfarçado ou discreto. Pergunte-se: Em que área da minha vida ocorrem situações repetitivas que não desejo mais? A consciência é o primeiro passo para liberação.

2. Compreenda qual emoção predomina

Muitas vezes estamos fugindo de alguma emoção, e isso pode nos aprisionar em um círculo vicioso. Pergunte-se: Qual emoção sinto quando estou no auge desse padrão repetitivo?

3. Inclua a emoção predominante

Sem fugir, disfarçar, tentar esconder ou negar, após identificar a emoção predominante (medo, raiva, tristeza etc.) é necessário incluí-la, pois ela faz parte de você, do seu passado e do seu sistema familiar. É importante olhar sem negações, dizendo SIM para você e essa emoção, agradecendo pelo aprendizado.

4. Perceba qual benefício esse padrão te traz

Por mais louco que possa parecer, no fundo a repetição de padrão está preservando algo ou procurando suprir uma necessidade emocional não atendida. Investigar a causa ajuda a compreender por que ainda permanece na sua vida. Muitas vezes a repetição traz a sensação de pertencimento à família, pois todos que vieram antes estiveram conectados a essa história ou emoção.

5. Decida conscientemente a não o repetir mais

Escolher não repetir um padrão não significa se esforçar para fazer o contrário ou se esforçar para que não aconteça de novo, mas pedir internamente para que ele se encerre. Não é um movimento de exclusão ou de negação, e sim de desapego, de liberação. É confiar que o seu ser vai saber como fazer isso.

6. Honre o passado, reconheça e reverencie

Esse padrão pode ter sido instalado há muitas gerações ou foi reproduzido recentemente na sua vida. Portanto, a melhor forma de se libertar é olhar para ele, agradecer por tudo o que ensinou e talvez entrar no luto para se despedir de forma honrosa, respeitando todos aqueles que o vivenciaram.

7. A partir de agora, aceite e escolha um novo caminho

Assim que perceber o padrão, suas origens, reconhecê-lo e honrá-lo, está na hora de se despedir. Agradecer, aceitar e se abrir para as novas possibilidades de agora em diante. Você passa a entrar em contato com a confiança de que existe uma nova realidade muito mais harmoniosa, livre e feliz. E caminha com uma nova postura diante da vida.

SE EU FOSSE EU

"'Se fosse eu' parece representar o nosso maior perigo de viver, parece a entrada nova no desconhecido.

No entanto tenho a intuição de que, passadas as primeiras chamadas loucuras da festa que seria, teríamos enfim a experiência do mundo."

Clarice Lispector. *A descoberta do mundo.*

O DESCONHECIDO

"O QUE É INVISÍVEL É MAIS PODEROSO DO QUE O QUE VEMOS. ENTENDER REQUER VER ABAIXO DA SUPERFÍCIE."

JOEL GLANZBERG

CINCO NECESSIDADES BÁSICAS EMOCIONAIS

Na infância e adolescência, precisamos estabelecer vínculos seguros com nossos pais e cuidadores, para atender a necessidades básicas emocionais e universais, fundamentais para o desenvolvimento da nossa saúde física, mental e emocional, a fim de nos tornarmos seres humanos saudáveis e cumprirmos nossas tarefas evolutivas.

Quando essas necessidades não são atendidas, geramos uma espécie de trauma e desenvolvemos esquemas desadaptativos, que são padrões emocionais e cognitivos autoderrotistas iniciados na infância e que se repetirão ao longo da vida, causando sofrimento mental, emocional e a predisposição para transtornos psicológicos na adolescência e na vida adulta.

Segundo a Terapia do Esquema, desenvolvida por Jeffrey Young, as necessidades básicas emocionais estão divididas em cinco grupos:

1. VÍNCULOS SEGUROS, SEGURANÇA, ACEITAÇÃO E PERTENCIMENTO

Segurança básica é uma necessidade fundamental do ser humano, ligada à sobrevivência. Sentir-se seguro é uma questão de vida ou morte.

Aqui também se encontram necessidades de aceitação, afeto, pertencimento e inclusão. Isso possibilita a construção de relações saudáveis e estáveis na vida adulta, por meio da formação de um vínculo seguro com os pais ou cuidadores ainda nas primeiras relações da infância. É necessário nos sentirmos parte da família, para nos sentirmos acolhidos afetivamente, e que nossos cuidadores atendam a nossos pedidos de ajuda, nos protegendo quando estivermos nos sentindo vulneráveis e nos confortando quando estivermos assustados. Cada um de nós precisa de frequências, intensidades e afetos diferentes. É preciso saber identificar e prover esse acolhimento. Dessa maneira, carregar nossas baterias de conexão, aceitação e proteção, proporcionará o fornecimento de forças necessárias para que possamos desbravar o mundo.

Pessoas que não tiveram essas necessidades supridas no decorrer da infância geralmente se sentem abandonadas, menosprezadas, não conseguem estabelecer vínculos saudáveis com outras. Consequentemente, se envolvem em relacionamentos destrutivos e destinados ao fracasso. Acreditam que não se adequam à sociedade, que não são boas o suficiente, se sentem inferiores ou indignas de receber carinho e afeto. Assim, creem que aqueles à sua volta irão abandoná-las, ou que são egoístas e que as magoarão, tendendo a se isolarem socialmente.

2. AUTONOMIA, COMPETÊNCIA E SENSO DE IDENTIDADE

Autonomia é a habilidade de separar dos pais e ser independente, comparável com outras pessoas da mesma idade. É a habilidade de viver numa casa, de ter uma vida, uma identidade, objetivos e direções próprias, não dependendo de suporte e direção dos pais. É a habilidade para agir como um indivíduo, de ter um *self*.

Segundo Jung:

Tornar-se um indivíduo e, na medida em que a individualidade abrange nossa singularidade mais íntima, última e incomparável, também implica tornar-se você mesmo. Poderíamos, portanto, traduzir individuação como chegar a individualidade, autenticidade ou autorrealização.

Para que possamos resolver os mais diversos desafios que a vida nos apresenta, a ir em busca de conquistas e sonhos, é necessário conhecer nossas habilidades e competências. É fundamental que nos ensinem e incentivem a aprender para o desenvolvimento da nossa autonomia. Se houver auxílio e suporte apropriados, fortalecemos a coragem, a segurança e mais facilmente buscaremos pela independência e realização pessoal. Podemos transformar os incentivos e ensinamentos em energias para dar movimento e direção à nossa vida. Ou seja, é possível orientar, apoiar e auxiliar na realização de tarefas, na aprendizagem, no enfrentamento e na resolução de problemas cotidianos sem prejudicar a autonomia.

Quando os pais ou cuidadores cercam uma criança de cuidados excessivos e assumem suas tarefas, impedindo o desenvolvimento da sua independência e autonomia, muito possivelmente, ao se tornar adulta, ela terá dificuldade em resolver seus problemas e assumir responsabilidades e tomar decisões. Ao crescer, o adulto ficará sempre com receio de que algo de ruim possa lhe acontecer, e, por consequência, pode se sentir fracassado e incompetente.

3. LIMITES REALISTAS E AUTOCONTROLE

Aprender a ter limites e lidar com as frustrações é fundamental para nossa inteligência emocional. Sentiremos raiva e tristeza por não ter tudo aquilo que queremos, mas é inegável a importância de aprendermos a ter limites e regras, para que haja harmonia nas relações. Birra ou choro farão parte desses momentos para tentar quebrar as regras, mas é necessário pulso firme para o bem de todos. Entretanto, precisamos saber equilibrar as emoções, limpar os excessos, desenvolver a empatia, a flexibilidade e buscar o equilíbrio, sem rigidez ou passividade em demasia.

Essas necessidades básicas consistem em ter limites realistas, ou seja, ensinar para a criança de maneira firme, porém afetuosa e compreensiva, o que é certo ou errado e a respeitar as emoções e o espaço das demais pessoas. Quando os pais são excessivamente tolerantes e permissivos, consequentemente essa criança pode se tornar um adulto arrogante, egocêntrico ou narcisista. Ela se torna alguém que se acha superior aos demais, não respeita regras nem o espaço do outro, pois acredita ser digna de benefícios diferenciados. Por não tolerar fracasso, muitas vezes foge de responsabilidades e de situações conflituosas.

4. ESPONTANEIDADE E LAZER

Para desenvolver um senso de conexão com as pessoas, nós precisamos de amor, atenção, empatia, respeito, afeição, compreensão e orientação. Necessitamos de todas essas coisas tanto dos pais como daqueles com quem convivemos. Existem duas formas de criar conexão com os outros: a primeira envolve intimidade. Geralmente os relacionamentos íntimos são a nossa família, amores e os melhores amigos. Eles são nossos laços emocionais mais próximos. Em relacionamentos íntimos, refletimos o tipo de conexão que estabelecemos com a mãe e o pai. Já a segunda forma são as nossas relações sociais, como o círculo de amigos e o grupos da comunidade. Desenvolvemos, então, o senso de pertencimento.

Sabemos que existem condutas éticas a serem respeitadas. No entanto, os momentos de lazer, felicidade, autoexpressão, cuidado com a saúde e com os relacionamentos interpessoais devem ser considerados. Estes deveriam ser primordialmente lembrados e incentivados. De que adianta se sentir realizado por um filho ter ido bem na escola e fazer mil e uma atividades, se ele não tiver espaço e tempo para curtir as sensações agradáveis e aproveitar os momentos leves da vida? Não é luxo, é a saúde mental que está em jogo. Sucesso na esfera profissional não supre as necessidades do âmbito pessoal.

São necessidades de expressão das suas ideias, opiniões, seus desejos e sentimentos sem repressão, assim como sensatez em distinguir o tamanho da importância às necessidades das demais pessoas.

Adultos que não tiveram esses aspectos atendidos, provavelmente, vivenciaram a infância em torno da aceitação condicional, agradando e fazendo a vontade dos outros, e, ao mesmo tempo, inibindo a expressão dos seus sentimentos para se sentirem aceitos e amados.

Geralmente, são filhos de pais egoístas que priorizam as suas necessidades em vez das da criança. Como consequência, quando crescem, tendem a se doar demasiadamente ao outro, considerando primeiramente a demanda da outra pessoa e não levando em consideração suas aspirações e necessidades, gerando relações desequilibradas e codependentes.

5. LIBERDADE DE EXPRESSÃO, NECESSIDADES E EMOÇÕES VÁLIDAS

É extremamente importante que nossos pais ou cuidadores nos incentivem a expor nossas emoções, vontades e preferências. Não devem consentir e instruir para ficarmos quietinhos, para nos adequarmos ou esperarmos a reprovação de alguém. Devem estimular a liberdade de expressão, de opinar, de pedir o que necessitamos emocionalmente, para sermos atendidos, reconhecidos e validados. Assim é desenvolvida a habilidade da autenticidade.

É importante priorizar nossa saúde e bem-estar emocional, pois são fatores mais importantes que aceitação social e status.

Aqui é importante incentivar a criança a expressar seus sentimentos e emoções, bem como transmitir de forma honesta, em gestos e palavras, o quanto ela é querida e amada. Orientá-la de que perder, assim como ganhar, faz parte da vida, e ensiná-la a lidar com possíveis frustrações.

Uma infância com pais e cuidadores hipercríticos e rígidos, em um ambiente familiar com alto nível de cobrança e escasso para espontaneidade e lazer, faz com que uma criança cresça com pensamentos e ideias pessimistas e negativas. Estará sempre indecisa e preocupada. São indivíduos que não conseguem expressar suas emoções e sentimentos por receio de serem julgados, e podem ser vistos como distantes, insensíveis, frios, reservados ou indiferentes. Desenvolvem padrões rígidos e inflexíveis quanto às suas próprias realizações e se tornam perfeccionistas, acreditando que erros são inadmissíveis.

Ter as necessidades básicas emocionais cuidadas e atendidas são as bases para a nossa inteligência emocional.

O ambiente familiar saudável, principalmente na primeira infância, é essencial no desenvolvimento de esquemas adaptativos, ou seja, modos saudáveis de enfrentar as situações adversas, com equilíbrio emocional. No entanto, em um ambiente nocivo, no qual os pais ou cuidadores não suprem o conjunto de necessidades básicas importantes, há a formação de traumas emocionais, criando esquemas desadaptativos, em que o enfrentamento de situações difíceis ocorrerá por meio de comportamento prejudicial, reforçando a ideia negativa que a pessoa tem de si mesma. Importante destacar que cada criança possui demandas diferentes, conforme o seu temperamento e ambiente familiar.

Quando essas necessidades emocionais não são atendidas de maneira adequada na infância, dão origem aos domínios e esquemas desadaptativos conforme o observado a seguir.

Necessidades emocionais	Domínios das necessidades não atendidas	Esquemas iniciais desadaptativos
Vínculos seguros, segurança, atenção e pertencimento	Desconexão e rejeição	• Abandono/Instabilidade • Desconfiança/Abuso • Privação emocional • Defectividade/Vergonha • Isolamento social/Alienação
Autonomia, competência e senso de identidade	Autonomia e desempenho prejudicados	• Dependência/Incompetência • Vulnerabilidade/Dano à doença • Emaranhamento/*Self* subdesenvolvido • Fracasso
Limites realistas e autocontrole	Limites prejudicados	• Merecimento/Grandiosidade • Autocontrole/Autodisciplina insuficientes
Espontaneidade e lazer	Direcionamento para o outro	• Subjugação • Autossacrifício • Busca de aprovação/Reconhecimento
Liberdade de expressão e emoções válidas	Supervigilância e inibição	• Negatividade/Pessimismo • Inibição emocional • Padrões inflexíveis/Postura crítica exagerada • Postura punitiva

Fonte: Adaptado de *Domínios e esquemas iniciais desadaptativos*, segundo Young et al. (2008).

Esses esquemas possuem uma carga emocional extremamente forte por serem desenvolvidos desde a infância, por isso há maior dificuldade de se desprender deles, mesmo que estejam gerando impactos negativos.

Compreender esses padrões nos permite ampliar nossa consciência, para reconectar com nossas necessidades básicas, reconhecê-las, aceitá-las e buscar estratégias para supri-las.

Também é fundamental continuar esse caminho de ampliação de consciência por meio de suporte terapêutico.

AS ARMADILHAS EMOCIONAIS

Para transformarmos a nossa vida, precisamos aprender a lidar com nosso maior inimigo: nós mesmos. Precisamos nos libertar de velhos traumas e dores emocionais. Muitas pessoas acabam se tornando reféns de si próprias, pois não percebem o quanto permanecem tropeçando em velhas questões, sem se permitir parar e se observar.

Por que isso acontece? Quando crianças, nós desenvolvemos um conjunto de crenças, memórias, emoções, sensações corporais e cognições que tornam-se padrões disfuncionais que repetimos ao longo da vida. Estas armadilhas foram chamadas por Jeffrey Young de "esquemas iniciais desadaptativos", que reuniu vários conceitos e métodos, desenvolvendo a terapia do esquema, com base na teoria do apego ou da vinculação, formulada por John Bowlby.

As armadilhas emocionais são esquemas que começam na infância e se repetem ao longo da vida, em função de demandas não atendidas. O resultado é que, na idade adulta, recriamos estas condições da nossa infância que são as mais prejudiciais para nós. Elas nos colocam em padrões de comportamentos autodestrutivos.

Elas organizam de modo ativo nossa experiência. Operam de maneira evidente ou sutil e influenciam o modo como pensamos, sentimos e agimos.

São nosso conjunto de padrões cognitivos, emocionais e comportamentais estruturados a partir dos primeiros vínculos que estabelecemos com nossos pais ou cuidadores. Aprendemos, então, comportamentos e crenças dentro da família e do contexto social, a partir das nossas primeiras relações e experiências de vida, durante a nossa infância e adolescência.

Podemos entendê-los como filtros emocionais que interferem na nossa percepção da realidade sobre nós mesmos, os outros, o mundo e o futuro.

Pessoas diferentes lidam com essas armadilhas de diversas formas. Isso explica por que crianças criadas em um mesmo ambiente podem se tornar adultos tão diferentes.

Por exemplo, duas crianças que tiveram pais abusivos podem se comportar diante do abuso de modos distintos. Uma se torna passiva, vítima amedrontada, e se mantém dessa forma ao longo da vida. A outra torna-se abertamente rebelde e desafiadora e pode até deixar a casa cedo para sobreviver como uma adolescente nas ruas.

Esse mecanismo ocorre nas crianças porque cada uma delas possuem temperamentos diferentes desde o nascimento, com a tendência a serem mais assustadas, ativas, extrovertidas ou tímidas. Eles nos impulsionam para certas direções. Talvez isso explique como escolhemos um dos pais para copiar ou servir de modelo posteriormente. Uma vez que uma pessoa com perfil abusador frequentemente se casa com outra com perfil de vítima, seus filhos terão ambos como modelos a serem seguidos. A criança pode copiar mãe ou pai abusivo ou o vitimizado e seguir repetindo esses padrões.

Todas as pessoas possuem esquemas iniciais desadaptativos que podem ser disfuncionais em maior ou menor grau.

COMO REAGIMOS: PARALISIA, FUGA OU CONTRA-ATAQUE?

Diante de uma ameaça, nossos instintos respondem com paralisia, fuga ou contra-ataque e, a partir disto, desenvolvemos estilos de enfrentamento que podem se manifestar da seguinte forma: comportamentos de manutenção, compensação e evitação.

Três respostas básicas instintivas a ameaças	Três estilos comportamentais de enfrentamento
Paralisar	Manutenção
Fugir	Evitação
Lutar	Hipercompensação

Manutenção: Ao se conformar com um esquema, as pessoas consentem com ele. Não tentam evitá-lo nem lutam contra ele; o mantêm assumindo-o como verdadeiro.

Evitação: As pessoas tentam organizar suas vidas de maneira que o esquema nunca seja ativado, ou seja, como se ele não existisse, evitando pensar a respeito dele, bloqueando pensamentos e imagens que provavelmente ativam emoções desagradáveis, distraindo-se ou repelindo-o.

Hipercompensação: As pessoas lutam contra o esquema, sentindo, se comportando e relacionando-se como se o oposto do esquema fosse verdadeiro.

Armadilhas de vida são modelos que desenvolvemos no longo prazo. Elas são como vícios ou maus hábitos, difíceis de modificar. Mudá-los requer ampliação de consciência e força de vontade. Precisamos olhar, enfrentar a armadilha e compreendê-la. Mudar também exige disciplina. Precisamos observar sistemicamente os comportamentos e modificá-los no dia a dia. A mudança não é imediata, exige a prática da auto-observação constante.

ARMADILHAS DA VIDA

Perceba qual delas está presente em você.

1. Domínio: Desconexão e rejeição

Este domínio envolve as dificuldades com vínculos. São consequências do não atendimento das necessidades básicas de segurança, estabilidade, nutrição afetiva, empatia, compartilhamento de sentimentos, aceitação e respeito.

Abandono ou instabilidade

Ferida: Por favor, não me abandone.

Você tem uma crença fundamental de que vai perder quem ama e que será deixado ou isolado emocionalmente. Acha que as pessoas vão morrer, mandar você embora ou deixá-lo sozinho. Espera ser abandonado e acredita que isso vai durar para sempre. Pensa que nunca mais você vai recuperar a pessoa que perdeu. No seu coração, sente que seu destino é viver completamente só.

Em função dessa crença, você se agarra aos outros de maneira exagerada e, ironicamente, acaba afastando-as de você. Também pode ficar extremamente chateado ou com raiva de separações consideradas normais.

Essa armadilha dá a você um senso de desespero em relação ao amor. Você acredita que, não importa quão boas as coisas parecem ser, no final seu relacionamento estará condenado. É difícil acreditar que alguém estará ao seu lado. A maioria das pessoas não se aborrece pelas pequenas separações dos seus amores. Elas sabem que os relacionamentos vão sobreviver a separações. Mas, para alguns indivíduos, não há segurança com essa armadilha de abandono.

Perceba se reconhece estes padrões de pensamento:

1. Tenho medo de perder as pessoas que amo e me preocupo com a possibilidade de que possam morrer ou me deixar.

2. As pessoas não querem compromisso sério comigo; quando começo a me envolver demais, elas sempre me abandonam.
3. Os outros se afastam de mim por alguma razão e isso me causa muito sofrimento, por isso muitas vezes prefiro não me relacionar ou me envolver demais.
4. Sinto solidão e acredito que serei só.
5. É muito difícil ficar só, preciso ter alguém ao meu lado que me dê segurança.

Possíveis origens desses padrões no seu sistema familiar:

- Você provavelmente tem uma predisposição biológica para ansiedade de separação e uma dificuldade de ficar sozinho.
- Na sua infância, um dos seus pais morreu ou o deixou. Sua mãe precisou se separar de você por um período prolongado quando você era criança. Você foi criado por babás ou por uma sucessão de figuras maternas (tia, avós) ou foi enviado para uma escola de período integral numa idade muito inicial de vida.
- Sua mãe era emocionalmente instável (depressiva, raivosa, alcoólatra) ou de alguma outra forma não construiu uma base emocional para você.
- Quando você era pequeno, seus pais se divorciaram ou brigavam tanto que você temia que sua família se dissolvesse. Você perdeu a atenção de um dos pais de forma significativa. Por exemplo: um irmão ou uma irmã nasceu ou um dos pais saiu de casa.
- Sua família era excessivamente próxima e você era superprotegido. Você nunca aprendeu a lidar com as dificuldades de uma criança.

Como ressignificar esses padrões:

- Reconheça seu abandono de infância e acolha sua criança ferida.

- Observe seus sentimentos de abandono. Identifique sua hipersensibilidade para perder pessoas próximas, seus medos desesperados de ficar sozinho, sua necessidade de se apegar às pessoas.
- Reveja relacionamentos passados, buscando ter clareza dos padrões que ocorreram. Liste todas as armadilhas de abandono dos relacionamentos anteriores.
- Evite parceiros não comprometidos, instáveis ou ambivalentes, mesmo que gere uma química grande inicialmente.
- Quando encontrar um parceiro, que seja estável e comprometido, abra-se e confie. Acredite que esta pessoa estará ao seu lado e que não vai te deixar.
- Não se apegue ou seja excessivamente ciumento ou reativo às separações em um relacionamento saudável.

Desconfiança ou abuso

Ferida: Eu não posso confiar em você.

Envolve a expectativa de que as pessoas vão machucá-lo de alguma forma, seja mentindo, manipulando, caçoando, agredindo fisicamente ou tirando vantagem de você. Se cair nesta armadilha, você pode se esconder atrás de um muro de desconfiança. Considera as intenções das pessoas suspeitas e tende a presumir o pior. Tem a expectativa de que aqueles que ama o trairão.

Ao mesmo tempo, evita relacionamentos íntimos, formando relações superficiais nas quais você não se abre nem se revela, ou ainda, atrai indivíduos que podem realmente machucá-lo, sentindo-se com raiva e procurando se vingar.

É uma complexa mistura de sentimentos: dor, medo, raiva e tristeza. Eles são intensos e vêm à tona. Se você foi abusado, aqueles ao seu redor têm consciência dessas emoções fortes. Você pode ter oscilações de humor, ficar repentinamente muito chateado, chorando ou enfurecido, por exemplo. E isso surpreende outras pessoas. Na dissociação, que são momentos repentinos, você parece estar em outro lugar. As coisas parecem irreais. Suas emoções parecem entorpecidas. É um hábito que você desenvolveu como uma espécie de fuga psicológica do abuso.

Perceba se reconhece estes padrões de pensamento:

1. Preciso me proteger e me manter vigilante porque as pessoas não são confiáveis.
2. Sinto que os outros sempre querem tirar proveito de mim ou me prejudicar.
3. Melhor não me aproximar muito das pessoas, pois elas podem abusar de mim (física, verbal, emocional ou sexualmente).
4. Não posso confiar nem naqueles que me são mais próximos, pois é só uma questão de tempo para eles me traírem.
5. Quem se aproxima de mim sempre quer algo em troca.

Possíveis origens desses padrões no seu sistema familiar:

- Experiências de abuso, manipulação, humilhação ou traição na infância. Alguém da sua família abusou sexualmente de você ou de alguém próximo, ou o tratou de maneira abusiva.
- Algum familiar repetidamente o humilhou, ridicularizou ou o menosprezou (abuso verbal) ou parecia ter o prazer em vê-lo sofrer. Você sofreu ameaça de punição severa ou retaliação, na infância, e não soube lidar com isso. Pessoas costumavam fazer bullying com você, usando expressões que o machucaram.
- Seus familiares podiam não ser confiáveis, traíram sua confiança, exploraram suas fraquezas para ter vantagens, o manipularam, fizeram promessas que não tinham a intenção de cumprir ou mentiram para você.

- Alguém da sua família sofreu abuso e um de seus pais repetidamente o advertia a não confiar nos indivíduos fora da sua família. Na sua infância, um dos seus pais possuía uma afeição física imprópria, que o fez se sentir desconfortável.

Como ressignificar esses padrões:

- Se possível, procure apoio terapêutico para ajudá-lo, especialmente se você tiver sido abusado sexualmente.
- Faça exercícios com imagens, desabafe sua raiva contra seu agressor, esvaziando-se desses sentimentos guardados. Pare de se sentir impotente ou de se culpar. Ninguém merece ser abusado.
- Considere reduzir ou parar o contato com seu agressor, enquanto você tenta sair desta armadilha, sem excluí-lo, apenas se afastando, mantendo uma distância emocionalmente segura.
- Pare de tolerar qualquer tipo de abuso em seus relacionamentos atuais.
- Busque resgatar sua autoconfiança, seu amor-próprio e confiar naqueles que merecem. Procure envolver-se com um parceiro que o respeite e não queira machucá-lo.
- Não abuse das pessoas próximas a você.

Privação emocional

Ferida: Eu nunca terei o amor de que preciso.

Privação emocional é a crença de que sua necessidade de amor e afeto jamais será atendida satisfatoriamente por outra pessoa. Você imagina que ninguém se importa realmente contigo ou que ninguém entende a maneira como se sente.

Você pode se atrair por pessoas frias e egoístas ou tornar-se alguém distante, levando a ter relações insatisfatórias. Você se sente traído e alterna entre ficar com raiva e se sentir magoado e sozinho. Ironicamente, sua raiva afasta os outros de você, confirmando sua privação emocional. Há um sentimento de profunda solidão que permanece e que o impede de vivenciar o amor.

A experiência da privação emocional é mais difícil de definir do que a das outras armadilhas de vida, já que não se manifesta pelos nossos pensamentos. Pois a privação começa muito cedo em nossas vidas, antes que possamos expressá-la pela fala.

É a sensação de que você estará para sempre sozinho, de que certas coisas nunca serão realizadas, e de que você jamais será escutado ou entendido. A privação emocional nos dá um sentimento de vazio. A imagem que talvez mais represente seu significado é a de uma criança negligenciada.

Perceba se reconhece estes padrões de pensamento:

1. Não tenho e nunca terei ninguém que dê carinho ou cuide de mim.
2. Ninguém tem ideia de como me sinto ou entende minhas necessidades. Estou sempre distante das pessoas e me sinto sozinho a maior parte do tempo.
3. Sempre dou mais do que recebo, principalmente nos meus relacionamentos amorosos.
4. Nunca me sinto totalmente protegido ou realmente amado.
5. É difícil deixar que as pessoas me orientem ou me protejam, mesmo que no fundo eu queira isso.

Possíveis origens desses padrões no seu sistema familiar:

- Cuidado emocional refere-se a carinho, atenção e afeto físico. Seus pais carregaram e balançaram você? Eles o acalmaram e confortaram? Passaram tempo com você? Hoje, quando os encontra, eles o abraçam e beijam?

- Seus pais tinham empatia com seus sentimentos? Você pôde confiar neles quando teve algum problema? Eles estavam interessados no que você tinha a dizer? Contavam sobre seus próprios sentimentos caso você pedisse? Se comunicavam com você?
- Você teve alguém na infância para aconselhá-lo, que fosse como um refúgio e um apoio? Havia alguém que cuidasse de você e o fizesse se sentir seguro?
- Talvez sua mãe tenha sido fria e pouco afetiva, não o segurava ou balançava suficientemente. Na infância, você não tinha a sensação de estar sendo amado e validado.
- Seus pais ou cuidadores não deram atenção e tempo suficientes a você. Não estavam atentos às suas necessidades. Também não o orientaram adequadamente ou não lhe proporcionaram um senso de direção. Você não desenvolveu algo concreto em que pudesse confiar.

Como ressignificar esses padrões:

- Entenda a privação emocional que você sofreu na infância. Perceba a criança carente de afeto que há dentro de você.
- Observe como você projeta seus sentimentos de privação emocional nos seus relacionamentos. Entre em contato com suas necessidades de atenção e carinho, empatia e atenção.
- Reveja relacionamentos passados e identifique os padrões que se repetem. Liste os riscos que você deve evitar de agora em diante.
- Evite parceiros frios, que podem lhe causar uma grande atração.
- Quando encontrar um parceiro que seja emocionalmente generoso, dê chance a este relacionamento. Peça o que você deseja. Compartilhe sua vulnerabilidade.
- Pare de culpar seu parceiro e de exigir que atenda a todas as suas necessidades.

Defectividade ou vergonha

Ferida: Eu não tenho valor.

Se você cai nessa armadilha, sente-se errado, envergonhado e defeituoso. Sente-se inadequado e incapaz de ser amado pelas pessoas que se aproximam e que o conhecem mais profundamente.

Quando criança, não se sentiu aceito e respeitado na sua família, sendo criticado por suas falhas. Acabava se culpando e se sentiu indigno de receber amor. Hoje, enquanto adulto, tem receio do afeto e do amor, acreditando ser difícil que pessoas próximas possam valorizá-lo, esperando ser rejeitado por elas. Essa sensação, associada à armadilha da defectividade, é a vergonha. Você fará praticamente qualquer coisa para manter sua defectividade escondida. Sente que ela está dentro de você e não é imediatamente observável. Algo que está na essência do seu ser e você se sente completamente indigno e não merecedor de amor.

Ao contrário da armadilha da exclusão social, que diz respeito às características superficiais ou observáveis, a defectividade é um estado íntimo, privado. Enquanto percebemos com certa rapidez se alguém cai na armadilha da exclusão social, a da defectividade não é tão óbvia. Certamente é uma das armadilhas mais comuns, mas frequentemente difícil de detectar. Como trata-se de algo interno, você sofre ainda mais com o medo de ser exposto.

Cada pessoa lida com seus sentimentos de vergonha de maneiras diferentes. Alguns perdem a confiança e aparentam insegurança. Outros parecem normais e há aqueles que disfarçam tão bem que você jamais acreditaria que caem nessa armadilha.

Ela se origina do sentimento de não ser amado ou respeitado quando criança. A defectividade é um sentimento global. É o senso de não ser merecedor de amor. Um sentimento de ser falho ou inadequado que até seus próprios pais não conseguiram amá-lo ou valorizar quem você era. Em algum momento sentiu que seus pais estavam certos por criticarem, desvalorizarem, rejeitarem ou não darem amor a você. Quando criança se sentia culpado por tudo que acontecia, porque você era sem valor, inadequado, falho e imperfeito demais. Por essa razão, provavelmente você não sentiu raiva pela forma como foi tratado. Ao contrário, se sentia envergonhado e triste.

Tem dificuldade de tolerar a crítica, talvez seja hipersensível a isso. Mesmo muito sutil, é capaz de fazê-lo sentir uma enorme vergonha. Pode negar veementemente que tenha feito qualquer coisa errada ou colocar para baixo a pessoa que o está criticando. Reconhecer qualquer falha é mergulhar em uma inundação de sentimentos dolorosos ligados à vergonha. Sua inabilidade de receber críticas pode ser um sério problema.

Tem uma tendência a sentir mais química com parceiros que ativem essa armadilha. Por outro lado, tende a se sentir entediado com pessoas que realmente o tratem bem. Esse é um paradoxo: você quer tanto o amor, mas quanto mais o seu parceiro lhe dá amor, menos se sente atraído por ele.

Você tem a maior química em situações que reforçam sua defectividade. Isso é consistente com a sua autoimagem. De alguma forma, é estranho valorizar e se sentir valorizado por alguém. Em um extremo, há uma pessoa que você deseja imensamente, mesmo se sentindo por baixo; a química é intensa e o medo também. No outro, alguém que o ama e o aceita. Há menos medo, mas logo você desvaloriza seu parceiro e perde a química.

Outro risco é que você pode tentar acalmar seus próprios sentimentos de vergonha criticando e rejeitando seus filhos. Faz com eles o que fizeram com você, repetindo esse padrão.

Perceba se reconhece estes padrões de pensamento:

1. Uma hora ou outra as pessoas vão perceber que sou cheio de defeitos e ninguém vai me amar se conhecê-los. Preciso esconder meus defeitos para ser aceito.
2. Sou burro, idiota e não sou inteligente como meus amigos ou irmãos.

3. Ninguém vai querer se relacionar com uma pessoa burra como eu. Nem eu gosto de mim mesmo.
4. Tenho dificuldade em receber críticas, sinto vergonha em ser como sou.
5. Eu não tenho qualidades.

Possíveis origens desses padrões no seu sistema familiar:

- Alguém na sua família era extremamente crítico, exigente ou punitivo com você. Você foi repetidamente criticado ou punido pela sua aparência física, seu comportamento ou pelo que dizia. Seus pais lhe disseram repetidamente que você ou um de seus pais eram maus, sem valor ou que não prestavam para nada.
- Você foi levado a se sentir como uma decepção por seu pai ou sua mãe. Se sentiu rejeitado ou não amado por um ou ambos seus pais.
- Se sentiu culpado todas as vezes que alguma coisa errada acontecia na sua família. Um dos seus pais deixou a casa e você se culpou por isso.
- Você era sempre comparado de maneira desfavorável com seus irmãos ou eles tinham preferência sobre você.

Como ressignificar esses padrões:

- Compreenda seus sentimentos de defectividade e vergonha vindos desde a infância. Sinta a criança ferida dentro de você.
- Liste sinais de que você pode estar lidando com a vergonha por meio de fuga ou contra-ataque, por exemplo, evitando ou compensando-a.
- Liste as pessoas com as quais você se sente mais ou menos atraído.
- Escreva seus defeitos e qualidades quando era criança e adolescente. Depois, liste os atuais e compare.
- Comece um programa de autoconhecimento para ampliar sua consciência sobre si mesmo.

- Escreva uma carta para seu pai ou mãe críticos dizendo como você se sentiu na infância. Reconheça que eles fizeram o melhor que podiam com os recursos que tinham. Agora você pode fazer algo de bom com esse aprendizado.
- Busque ser mais verdadeiro nos relacionamentos mais próximos. Aceite amor de pessoas próximas a você. E pare de permitir que os outros o tratem mal.
- Se você está em um relacionamento em que é crítico com seu parceiro, tome consciência e pare de colocar seu companheiro para baixo. Faça o mesmo com outras relações próximas.

Isolamento social ou alienação

Ferida: Não me aceitam em nenhum lugar.

A armadilha do isolamento social envolve sua conexão com amigos e grupos, relacionando-se ao sentimento de estar isolado ou excluído do mundo, de ser diferente. Se você possui esse esquema, já se sentiu excluído pelos seus amigos quando criança, teve a sensação de não pertencer a grupos sociais. Talvez suas características pessoais tenham levado você a se sentir diferente de alguma maneira.

Na vida adulta, essa armadilha é ativada quando você evita se socializar em grupos ou fazer amigos. Na sua infância, você provavelmente se sentiu isolado por outras crianças que o rejeitaram, gerando uma sensação de ser socialmente excluído. Enquanto adulto, você pode se achar feio, indesejável, chato ou inferior de alguma forma. Tal sensação faz com que você reviva a rejeição da infância, agindo e se sentindo como inferior em situações sociais.

Esta armadilha não é tão aparente quanto possa sugerir. Muitas pessoas com este esquema podem ter habilidades sociais adequadas e sentirem-se confortáveis em algumas relações íntimas. É surpreendente, porém, como podem se sentir extremamente ansiosas em reuniões, sala de aula, em encontros ou no trabalho. Elas sempre procuram estar em um lugar ao qual possam pertencer.

O principal sentimento é o de solidão. Você se sente excluído do resto do mundo porque acredita que é diferente.

O isolamento social se manifesta nas questões externas e pode se somar à armadilha da imperfeição. Neste caso, é possível que você tenha dificuldades em se relacionar.

Perceba se reconhece estes padrões de pensamento:

1. Não gosto de reuniões sociais porque tenho medo do que as pessoas podem pensar sobre mim.
2. Aqueles à minha volta são sempre melhores do que eu, mais bonitos, inteligentes, bem-sucedidos etc.
3. Não gosto ou evito de ir a eventos, festas e reuniões sociais, pois nunca sei o que dizer e como me comportar.
4. Não me sinto interessante ou atraente, sou diferente das pessoas. Minha família é diferente de todas as outras.
5. Sinto-me desconectado de todos. Sempre me sinto excluído. Não me sinto pertencente a nenhum grupo.

Possíveis origens desses padrões no seu sistema familiar:

- Você se sentiu inferior às outras crianças devido a algumas de suas características externas (por exemplo: alguma característica física, gagueira, problemas de aprendizagem etc.). Você sofreu bullying, foi rejeitado ou humilhado por outras crianças. Como consequência, sentiu-se diferente ou pouco aceito, o excluíram do grupo ou deixavam-no isolado.
- Sua família era diferente de seus vizinhos e de seu entorno. Você se sentia diferente das outras crianças, inclusive das da sua própria família.

- Na infância, você era passivo, fazia o que esperavam, porém nunca desenvolveu interesses ou suas próprias preferências. Hoje você sente que não tem nada a oferecer em uma conversa.
- Sempre que estava em situações sociais você se sentia inibido ou não tentava fazer amigos para evitar a rejeição. Talvez tenha se juntado a crianças que eram diferentes, porém que lhe permitiam formar parte do grupo.

Como ressignificar esses padrões:

- Compreenda a sua exclusão desde a infância. Sinta sua criança interior isolada ou inferior.
- Liste as situações sociais nas quais você se sente ansioso ou incomodado, perceba como você evita ou compensa os sentimentos de se sentir diferente ou inferior.
- Perceba as situações que o fazem se sentir excluído, vulnerável ou inferior.
- Se você está convencido de que tem defeitos ou diferença real em relação às outras pessoas, perceba como poderia superar isso. Peça a percepção daqueles mais próximos e construa seu plano de mudança, gradualmente.
- Faça uma lista, por ordem de importância, dos grupos sociais e de trabalho que você tem evitado. Comece a mudança com o último grupo da lista e vá subindo. Quando estiver neste grupo, faça um esforço para iniciar as conversas. Seja você mesmo, procure não se isolar ou aparecer demais para se sentir aceito.

2. Domínio: Autonomia e desempenho prejudicados

Este domínio está relacionado ao não atendimento das necessidades de autonomia e competência, que leva a expectativas sobre si mesmo e sobre o ambiente, interferindo na própria percepção da capacidade de se separar, sobreviver e funcionar de forma independente, com bom desempenho.

Dependência ou incompetência

Ferida: Eu não consigo fazer nada sozinho.

Se você cai nessa armadilha pode se considerar incapaz de conduzir seu dia a dia sem a ajuda de terceiros. Depende do outro para agir, necessita de suporte constante.

Quando criança, você se sentia incompetente quando tentava exercer sua independência. Hoje, adulto, procura figuras consideradas fortes, tornando-se dependente delas e permitindo que ditem as regras da sua vida. No trabalho, pode evitar agir por conta própria. Esse esquema pode paralisar sua vida.

É apenas com a ajuda do outro que sua sobrevivência se torna possível. No centro da sua experiência de dependência existe uma sensação de que, para lidar com as responsabilidades normais da vida adulta, você precisa lutar arduamente. Você sente que não tem o que é necessário para sobreviver, desenvolvendo um sentimento de falta ou insegurança.

A imagem de uma criança pequena, desamparada, que chora por sua mãe, retrata bem a essência da dependência. Você se sente perdido em um mundo de adultos, sem alguém para tomar conta de você.

Seus pensamentos reforçam seu senso de incompetência: *Isto é demais para mim, eu não sou capaz de resolver isto, eu vou desmoronar, eu não vou conseguir lidar com isso.* Outros pensamentos típicos refletem seu medo de perder as pessoas de quem depende: *O que eu poderei fazer sem esta pessoa? Como eu vou me virar sozinho?* Estes são geralmente acompanhados por uma sensação de pânico e desespero. Você insiste nessa necessidade e isto suga a sua energia.

Faz de tudo para ter certeza de que alguém vai estar com você. Deixado sozinho, experimenta uma sensação geral de que o mundo é esmagador. Você se torna indeciso, não confia na sua habilidade de tomar decisões, e isso alimenta sua dependência.

Quando você tem uma decisão a tomar, acaba solicitando a opinião de terceiros, indo de pessoa em pessoa em busca de conselhos. Muda a sua decisão centenas de vezes e todo esse processo só lhe deixa mais confuso. Quando finalmente se decide, acaba buscando uma validação com outras pessoas para ter certeza de que foi a decisão correta.

Apesar de resistir à mudança e achá-la assustadora, você se sente preso mesmo quando está seguro. É um dos lados negativos da armadilha da dependência. Indivíduos dependentes costumam permitir abuso, subjugação ou privação emocional para manter a dependência. Fazem qualquer coisa para manter a outra pessoa com elas.

Você provavelmente aceita um papel secundário em suas relações amorosas, com a família e amigos. Isto acaba provocando raiva reprimida, mesmo inconsciente. Você gosta da segurança nas relações, mas fica com raiva daqueles que a fornecem, o que pode afastá-los.

Já a contradependência é uma forma de hipercompensação dessa armadilha. Neste caso, você coloca toda a sua energia em ser completamente independente, lutando com seus sentimentos de incompetência. Sente que precisa provar para si mesmo e para os outros que pode se virar sozinho. Debaixo da superfície, há uma enorme ansiedade e medo constante de não se sair bem nas tarefas. Por exemplo, toda vez que ganha uma promoção, pensa que não saberá trabalhar em uma nova função.

Quando o colocam em posições de liderança, acaba se saindo bem, mas sempre a um alto custo pessoal. Sente-se pressionado em alcançar um alto nível de competência, pois exige de si mesmo a maestria, a perfeição máxima em tudo o que faz. Apesar disto, nunca se dá crédito. Sempre desvaloriza sua performance e seus resultados, enfatizando seus erros e deficiências.

Perceba se reconhece estes padrões de pensamento:

1. Não me vejo como um adulto. Tenho medo de enfrentar as responsabilidades da minha vida cotidiana.
2. Não consigo fazer nada sozinho, preciso de alguém para me ajudar.

3. Não me sinto capaz de resolver problemas ou tomar decisões sozinho.
4. Preciso que alguém tome conta de mim e me direcione em relação às questões da minha vida.
5. Não confio no meu senso de julgamento e discernimento, preciso que alguém me diga o que fazer.

Possíveis origens do padrão de dependência no seu sistema familiar:

- A armadilha da dependência pode ter origem tanto na relação com pais superprotetores quanto negligentes. Pais superprotetores mantêm a criança dependente. Reforçam comportamentos dependentes e desencorajam a autonomia de seus filhos, não oferecendo suporte para que aprendam sozinhos e consigam ser autossuficientes quando adultos. Já os pais negligentes falham ao cuidar da criança. Desde muito cedo, ela já tem que se virar sozinha no mundo, em uma exigência muito superior daquilo que é capaz no momento. Ela pode até passar a imagem de ser autônoma, mas, na verdade, possui fortes necessidades de dependência.
- Há um claro processo de desenvolvimento da independência, composto por duas etapas: a primeira consiste em estabelecer uma base segura. A partir dessa base, a segunda etapa é o movimento do indivíduo no mundo para se tornar autônomo. Se alguma delas estiver faltando, a pessoa pode cair na armadilha de dependência.
- A maioria dos pais consegue atingir este equilíbrio e as crianças desenvolvem um grau adequado de autonomia, porém, pais que estão nos extremos da balança podem fazer com que seus filhos acabem desenvolvendo a dependência. No melhor dos mundos, nossos pais nos dão a liberdade para explorar e nos apoiam, fornecendo ajuda se precisarmos e incentivando a nossa capacidade e confiança de resolver os problemas e situações por nós mesmos.

As origens da dependência na superproteção:

- Seus pais foram superprotetores e tratavam você como se fosse mais novo do que era. Eles tomavam decisões por você, cuidavam de todos os detalhes da sua vida e você não aprendeu a tomar conta de si mesmo. Faziam o seu dever de casa e nenhuma responsabilidade era exigida de você. Você nunca estava longe de seus pais e parece não ter uma noção de que é separado deles.
- Seus pais criticam as suas opiniões e sua competência nas tarefas do dia a dia. Quando realizava uma nova tarefa, seus pais lhe enchiam de conselhos e avisos. Eles tinham muitos medos e sempre o alertavam sobre os perigos.
- Seus pais o protegeram tanto que você nunca teve que lidar com a rejeição ou fracasso até sair de casa e se defrontar com a vida.

As origens da pessoa contradependente, na desproteção:

- Seus pais estavam preocupados com seus próprios problemas, foram ausentes ou negligentes, falhando em fornecer direção e proteção.
- Você tem uma combinação da armadilha de dependência com a privação emocional. Desde muito cedo, perdeu a sensação de proteção, sentindo-se extremamente inseguro.
- Você precisou tomar decisões sozinho durante anos. Teve que ser o adulto em sua família, mesmo sendo uma criança. Esperavam que você fizesse e conhecesse coisas que estavam além da sua capacidade.

Como ressignificar esses padrões:

- Compreenda a dependência que o acompanha desde a sua infância. Sinta a criança dependente que ainda está presente em você.

- Liste situações diárias, tarefas, responsabilidades e decisões nas quais você ainda depende de outras pessoas.
- Elenque os desafios, mudanças ou fobias que tem evitado desde que passou a sentir medo deles. Busque enfrentar tarefas diárias e decisões sem solicitar nada a ninguém. Aceite os desafios e gradualmente faça as mudanças que vem evitando. Comece com as coisas mais fáceis e vá ampliando aos poucos.
- Quando você tiver sucesso em uma tarefa, reconheça isto. Não minimize o seu sucesso. Se fracassar, não desista. Continue tentando e vá desenvolvendo novas habilidades.
- Reveja as relações do passado e perceba o padrão de dependência recorrente. Liste as armadilhas que precisa evitar. Evite os parceiros excessivamente seguros e superprotetores, mesmo que haja muita química entre vocês.
- Não reclame quando o seu familiar ou parceiro decidir não lhe ajudar. Não fique buscando apoio constante.
- Se você é contradependente, perceba sua necessidade de se sentir apoiado também. Peça ajuda e não aceite mais desafios do que aqueles com que pode lidar. Use sua ansiedade como referência para guiá-lo e ditar os limites daquilo que você pode assumir.

Vulnerabilidade ou dano à doença

Ferida: Uma catástrofe vai acontecer.

Este esquema faz com que você viva com medo de que um desastre ou algo ruim possa acontecer na sua vida a qualquer momento, seja este de ordem natural, criminal, médica ou financeira. Você não se sente seguro.

Quando criança, aprendeu a interpretar o mundo como um lugar perigoso, sendo provavelmente superprotegido pelos seus pais, que se preocupavam demais com a sua segurança. Seus medos são excessivos e irreais, mas, mesmo assim, controlam a sua vida e drenam sua energia, causando a sensação de absoluta certeza de que você não está seguro. Eles podem envolver também temas relacionados a doenças: ter um ataque de ansiedade ou enlouquecer. Podem estar focados em vulnerabilidades financeiras, como falir ou acabar como um sem-teto vagando nas ruas, e ainda envolver outras situações fóbicas, tais como medo de voar, de ser assaltado ou de terremotos.

O primeiro sentimento associado a esta armadilha é a ansiedade. Uma catástrofe está para ocorrer e lhe faltam os recursos para lidar com ela. Você tanto exagera no risco do perigo quanto subestima sua capacidade de lidar com isso.

Existem quatro tipos de vulnerabilidade. Você pode se identificar com mais de um tipo:

- **Saúde e doença:** Você pode se tornar um hipocondríaco. Preocupa-se obsessivamente com a sua saúde. Mesmo que os médicos digam que não existe nada de errado, você está convencido de que está com uma doença grave. A maioria das pessoas que tem ataques de pânico pertence a este tipo. Você constantemente busca em seu corpo os sinais de que algo esteja errado. Qualquer sensação estranha, não importa quão naturalmente tenha surgido, pode ativar o pânico. O pensamento mais comum de pessoas com ataque de pânico é: "E se...?". Você é hipervigilante a qualquer coisa que indique uma possibilidade de doença. Talvez tenha sido uma criança muito adoentada e hoje tenha um medo exagerado de doenças. Ou talvez um de seus pais fosse doente. No entanto, para cair nessa armadilha, seus medos são excessivos e irreais no presente.
- **Perigo:** Aqui você tem uma excessiva preocupação com a sua segurança pessoal e a dos que você ama. Você vê o mundo repleto de perigos a cada passo que dá. Fica alerta a qualquer indício de ameaça ou sinal suspeito.

Sente que a qualquer momento alguém pode atacá-lo. Você também tem medo de acidentes de carro ou avião. Teme desastres naturais, como inundações e terremotos. Apesar de toda a improbabilidade, acredita que essas catástrofes acontecerão a você.

- **Pobreza:** Você está sempre preocupado com dinheiro e tem um medo irrealista de que vai perder tudo e acabar vivendo na rua. Não importa o quão estável seja sua situação financeira, sempre parece que está a um passo da ruína. Para você, é necessário ter certa quantidade de dinheiro para ficar sossegado. Muito provavelmente, após conseguir este montante, você se tornará extremamente ansioso caso as despesas façam sua reserva diminuir. Preocupa-se desnecessariamente se terá dinheiro suficiente para pagar suas contas, mesmo que tenha mais do que o suficiente para fazê-lo. Controlar dinheiro é uma grande questão para você. Alguma catástrofe poderá destruir tudo o que tem e deixá-lo sem nada.
- **Perda de controle:** É o medo do âmbito mais psicológico. Você teme ficar louco ou perder o controle. Isto inclui os ataques de pânico. Talvez você se sinta perdendo o controle do seu corpo, desmaiando ou ficando doente. Imediatamente, pula para o pior desdobramento possível e se sente incapaz de lidar com aquele cenário, sentindo-se fraco e indefeso como uma criança. *E se eu estiver morrendo? E se eu estiver ficando louco? E se eu estiver perdendo o controle?* Isso desencadeia uma crise de pânico. Quase todos que caem nesta armadilha evitam diversas situações, mas escapar acaba reforçando-a. Provavelmente, ao evitá-las, acabe se afastando de muitas atividades agradáveis.

Perceba se reconhece estes padrões de pensamento:

1. Algo ruim está para acontecer a qualquer momento. Isso me gera ansiedade.

2. Posso ficar sem dinheiro ou ir à falência. Não vou conseguir pagar minhas contas.
3. Há perigo em todos os lugares, posso ser assaltado ou atacado a qualquer momento.
4. Não posso perder o controle em público, tenho medo de enlouquecer.
5. Preciso ficar atento aos sinais do meu corpo, isso pode ser sinal de uma doença mais grave.

Possíveis origens desses padrões no seu sistema familiar:

- Você desenvolveu o senso de vulnerabilidade observando pais que caem nesse mesmo tipo de armadilha. Algum deles era fóbico, ansioso ou assustado a respeito de áreas específicas (como perder o controle, adoecer, falir etc.).
- Seus pais eram superprotetores com você, particularmente nos temas relativos a perigo ou doença, e sempre o alertavam sobre riscos específicos. Sua criação o tornou frágil ou incompetente para enfrentar as questões cotidianas. Neste caso, é comum que essa armadilha esteja combinada com a dependência.
- Você esteve doente na infância ou vivenciou um evento traumático, por exemplo: um desastre de carro que o levou a sentir-se inseguro e vulnerável.
- Seus pais não o protegeram adequadamente ou um deles passou por um sério evento traumático ou talvez tenha falecido. Você começou a ver o mundo como um lugar perigoso.

Como ressignificar esses padrões:

- Busque identificar as origens dessa armadilha em sua vida. Converse com sua criança interior. Você pode acolhê-la e cuidar dela.

- Faça uma lista dos seus medos específicos. Desenvolva uma hierarquia das situações que lhe causam medo. Encontre com pessoas que ama, seu cônjuge, família, amigos, e peça a ajuda deles para analisar os seus medos junto com você.
- Examine a probabilidade dos eventos que o amedrontam ocorrerem. Escreva um lembrete para cada medo.
- Pratique técnicas de relaxamento, como meditação e respiração consciente.
- Comece a enfrentar cada um de seus medos na imaginação, com ensaios mentais. Gradualmente, enfrente cada medo na vida real. Reconheça e celebra cada etapa vencida.

Emaranhamento ou *self* subdesenvolvido

Ferida: Eu não sei quem sou.

Neste esquema, você tem a crença de que possui um sentido muito pequeno de identidade ou metas internas. Existe frequentemente um sentimento de vazio ou afogamento.

Você possui um excessivo envolvimento emocional e proximidade com um ou mais dos pais, tem dificuldade de se separar deles. A individuação e o desenvolvimento social são prejudicados.

No emaranhamento, você sente que não pode sobreviver ou ser feliz sem o constante apoio de outra pessoa. Também pode incluir sentimentos de ser sufocado ou de estar fundido com os outros, ou de não possuir uma identidade individual.

Você tem um sentimento de vazio e fracasso total, de não ter direção, ou, em casos extremos, de questionamento da própria existência.

Perceba se reconhece estes padrões de pensamento:

1. Não consigo ficar longe de meus pais ou parceiro. Pensamos exatamente da mesma maneira.

2. Preciso dos meus pais ou parceiro para decidir o que fazer. Eles me direcionam e orientam e é difícil ter uma opinião diferente da deles.
3. Meus pais ficariam muito magoados se eu fosse morar sozinho ou longe deles. Somos muito apegados e tenho medo de ferir seus sentimentos.
4. Não tenho privacidade em relação aos meus pais ou parceiro, divido com eles todos os assuntos e acontecimentos.
5. Estou tão envolvido com meus pais ou parceiro que não consigo saber quem eu realmente sou.

Possíveis origens desses padrões no seu sistema familiar:

- Pais superprotetores, abusivos, inseguros ou controladores que desencorajaram o desenvolvimento do senso de identidade, que abalam sua autoconfiança.
- Sua identidade não foi construída ou fortalecida na infância, com dificuldade de reconhecer-se como indivíduo ou independente de pessoas que lhes são importantes.
- Na infância, você se sentiu invadidos ou asfixiados pela constante presença e interferência do outro em suas escolhas, decisões e rotina. Sensação de vazio constante por não conseguir se reconhecer como indivíduo, não ter clareza de seus interesses, gostos, preferências, habilidades, talentos e inclinações naturais.
- Seus pais ou cuidadores tomavam as decisões ou faziam escolhas por você. Você se sentia inibido em manifestar suas opiniões, emoções, sentimentos, posicionamentos, por falta de clareza, medo ou por não saber como seus pais iriam reagir.
- Você copiava comportamentos daqueles aos quais se encontrava emaranhado.
- Sentia culpa ou senso de incapacidade de viver de forma autônoma e independente.

Como ressignificar esses padrões:

- Busque identificar as origens dessa armadilha na sua infância.
- Comece um processo de autoconhecimento para ampliar a consciência quem você realmente é.
- Considere se afastar por um período das pessoas com quem está emaranhado para construir seu processo de individuação.
- Faça um curso de imersão ou retiro para entrar em contato mais profundamente consigo mesmo.

Fracasso

Ferida: Eu me sinto um fracasso.

Nesta armadilha, você se sente inadequado em diversas áreas, como escola, trabalho e esportes. Acredita que falhou em comparação com os outros.

Quando criança, você aprendeu a se sentir inferior em relação aos seus resultados e realizações. Você pode ter tido alguma dificuldade de aprendizagem, ou nunca aprendeu a ter disciplina suficiente para adquirir habilidades importantes. As outras crianças eram sempre melhores.

Você era chamado de estúpido, mole, vagaroso, desajeitado. Enquanto adulto, você cai nesta armadilha exagerando o seu próprio grau de fracasso e agindo de maneira a confirmá-lo em sua vida.

Perceba se reconhece estes padrões de pensamento:

1. Sou incompetente, as pessoas conseguem realizar muito mais coisas do que eu e ter mais sucesso. A maioria dos indivíduos da minha idade é mais bem-sucedida do que eu.
2. Sou um fracasso, nunca consigo o mesmo sucesso que meus amigos alcançam (seja no amor, no trabalho ou em qualquer área da vida). Sinto vergonha por não ter alcançado tanto sucesso como eles.

3. Eu era um fracasso na escola. Sempre vou fracassar. Sinto que não tenho talento.
4. Tenho potencial, mas não sei como usá-lo para ter sucesso.
5. As pessoas acham que sou competente, mas sei que isso não é verdade.

Possíveis origens desses padrões no seu sistema familiar:

- Um dos seus pais era muito crítico sobre seu desempenho na escola, nos esportes etc. Alguém próximo o chamava de estúpido, tolo, incapaz, um fracasso etc. Ele pode ter sido abusivo (este esquema pode estar associado ao de defectividade ou abuso).
- Um ou ambos os pais foram muito bem-sucedidos e você chegou a acreditar que nunca poderia fazer jus a seus altos padrões. Você percebia que um ou ambos os pais ou não se importavam se você era bem-sucedido, ou pior, sentiam-se ameaçados quando você se saía bem.
- Seus pais podem ter sido competitivos com você, ou temiam perder sua companhia caso obtivesse muito sucesso.
- Você se sentia inferior em relação às outras crianças, tanto na escola quanto nos esportes. Pode ter tido um transtorno de aprendizagem, déficit de atenção ou pouca coordenação. Sendo assim, você parou de tentar, a fim de evitar que outros o humilhassem.
- Você teve irmãos ou irmãs com os quais foi frequentemente comparado de maneira desfavorável. Passou a acreditar que jamais corresponderia às expectativas.
- Você veio de um país estrangeiro, seus pais eram imigrantes, ou sua família era mais pobre ou com menos acesso à educação do que a de seus colegas de escola. Sentia-se inferior a seus colegas e achava que nunca poderia se igualar a eles.

- Seus pais não estabeleceram limites o suficiente para você. Não aprendeu autodisciplina ou responsabilidade. Desta maneira, fracassou em fazer os trabalhos de casa regularmente ou a aprender técnicas de estudo. Isso eventualmente levava ao fracasso.

Como ressignificar esses padrões:

- Observe seu momento atual e avalie se o seu sentimento de fracasso é realista ou distorcido.
- Entre em contato com a criança dentro de si que se sentia um fracasso. Converse com ela e a ajude a ver como você foi tratado injustamente.
- Torne-se ciente de seus talentos, habilidades, capacidades e conquistas, no campo das realizações. Se, de fato, fracassou em relação a seus pares (irmãos ou amigos), procure perceber o padrão nos seus fracassos. Uma vez que perceba seu padrão, faça um plano para ressignificar isso.
- Escreva um lembrete de enfrentamento para buscar o sucesso no seu projeto. Siga seu plano, passo a passo. Envolva as pessoas próximas neste processo, compartilhe seus planos.
- Peça ajuda de um coach ou mentor.

3. Domínio: Limites prejudicados

Este domínio está relacionado à dificuldade com limites internos à responsabilidade para com os outros ou orientação para objetivos de longo prazo. Gera dificuldades em respeitar os direitos das pessoas, em colaborar, estabelecer compromissos, definir e cumprir objetivos pessoais realistas e respeitar os limites e regras impostos.

Merecimento ou grandiosidade

Ferida: Eu posso ter o que eu quiser.

Esta armadilha está associada com a habilidade de desenvolver limites realistas na vida. Pessoas que se encaixam nela sentem-se especiais, desejando falar, fazer ou ter o que quiserem imediatamente. Acabam discordando do que costuma ser considerado razoável ou possível, em relação a tempo, paciência e custo necessário para conseguir algum objetivo, tendo também grandes dificuldades em relação à autodisciplina.

Pessoas que caem nesta armadilha foram mimadas quando crianças. Não desenvolveram autocontrole ou limites como as demais. Quando adultas, ficam zangadas se não conseguem algo que desejam.

Diferente das outras armadilhas, a de merecimento não leva à supressão das necessidades, mas a expressão excessiva delas. Você não tem uma capacidade normal de contenção. Enquanto outras pessoas se inibem e se disciplinam de forma apropriada, você não o faz.

Em vez de procurar a terapia, na maioria das vezes, você é a pessoa que incentiva os outros a procurarem. Sua vida se torna dolorosa somente quando já não é mais capaz de evitar as graves consequências negativas que resultam de sua atitude, muitas vezes, inconsciente. Por exemplo, quando você perde o seu emprego ou quando o seu cônjuge ameaça deixá-lo, só então reconhece que as outras pessoas não estavam felizes com o seu comportamento e que sua grandiosidade é um problema. Você finalmente percebe que esta armadilha tem um custo-benefício que pode realmente prejudicar sua vida.

Existem três derivações desta armadilha, e você pode se identificar com mais de uma:

- **Merecimento mimado:** Você se vê como alguém especial. É alguém exigente e controlador e quer tudo à sua maneira. Quando outras pessoas se recusam, você fica com raiva. Tem pouca empatia ou preocupação com os sentimentos dos outros. Isso leva você a não ter consideração e ser, talvez, até mesmo abusivo. É indiferente às expectativas sociais normais e convenções. Considera-se acima da lei. Acredita que outras pessoas devam ser punidas quando violam as normas sociais, mas você, não. Espera que, de alguma forma, conseguirá escapar das consequências negativas que outros indivíduos sofreriam por agirem da mesma forma.

- **Merecimento por dependência:** Se sente no direito de depender de outras pessoas. Coloca-se no papel de fraco, incompetente, carente e espera que os demais sejam fortes e tomem conta de você. Sente-se com direito, da mesma forma como uma criança se sente diante de um pai. Está mais inclinado a ser passivo do que agressivo.

- **Merecimento por impulsividade:** Tem dificuldade para controlar sua impulsividade, sem se preocupar com as consequências. Você não tolera frustração e é difícil completar tarefas de longo prazo, especialmente aquelas chatas ou rotineiras. Tem uma falta geral de organização e estrutura. É indisciplinado, pode ter uma tendência a procrastinar. Quando finalmente faz a tarefa, você a realiza pela metade ou de forma passivo-agressiva. Simplesmente não consegue se concentrar e perseverar. Os vícios são parte dos problemas gerais de autocontrole e autodisciplina. Você pode ter dificuldades para controlar suas emoções, especialmente a raiva.

Perceba se reconhece estes padrões de pensamento:

1. Estou sempre certo e sinto raiva quando não concordam comigo ou quando as coisas não saem do jeito que eu quero.
2. Minhas necessidades e desejos devem ser priorizados, estou em primeiro lugar.
3. Às vezes, percebo que sou impulsivo e agressivo. Isso já me causou problemas.
4. Não tenho paciência para esperar por nada, quero resolver tudo imediatamente. Se precisar esperar, desisto.

5. Não aceito não como resposta. Tudo tem que ser do meu jeito.

Possíveis origens desses padrões no seu sistema familiar:

- Seus pais não conseguiram exercer disciplina e controle suficientes sobre você, o mimavam ou eram indulgentes de várias maneiras.
- O merecimento mimado era uma criança que sempre ganhava tudo o que desejava e que controlava os pais. Isso pode incluir desejos materiais ou terem as situações à sua maneira.
- No padrão da impulsividade, não lhe foi ensinado a tolerar as frustrações. Você não foi obrigado ou orientado a assumir responsabilidades e concluir tarefas atribuídas. Isso pode incluir afazeres domésticos ou escolares.
- Seus pais permitiram que você se esquivasse de forma irresponsável de suas atribuições, não o deixando desenvolver um certo grau de tolerância ou persistência necessários para a conclusão de várias tarefas, como aquelas rotineiras ou chatas.
- Você também não foi ensinado a controlar seus impulsos. Seus pais deixavam que você reagisse de forma descontrolada em diversas situações, sem impor limites suficientes, não o expondo às consequências negativas de seus atos. Um ou ambos os pais podem ter dificuldade em controlar as emoções e impulsos.
- Os pais foram complacentes e você se tornou dependente deles. Assumiram suas responsabilidades diárias, tomaram decisões em seu lugar, executaram tarefas mais difíceis para você.

Como ressignificar esses padrões:

- Liste as vantagens e desvantagens de não aceitar limites. Isso é crucial para se motivar a mudar.

- Enfrente as desculpas que usa para evitar aceitar limites. Relacione essa falta de limites aos seus padrões de infância.
- Perceba as várias maneiras como seu problema com limites se manifesta na vida cotidiana. Crie lembretes para ajudá-lo a observar seus problemas de autodisciplina em cada situação.
- Peça feedback para as pessoas próximas enquanto busca autoconhecimento.
- Treine desenvolver a empatia com os indivíduos ao seu redor, interagindo e perguntando como se sentem com o seu comportamento.
- Se você tem problemas de autodisciplina, faça uma lista de tarefas e enumere as prioridades por ordem de importância e siga-a.
- Se você tem dificuldade em lidar com suas emoções, faça pausas com respirações conscientes antes de responder ou tomar uma atitude.
- Se você identificou o merecimento por dependência, faça uma hierarquia de tarefas, por ordem de dificuldade. Aos poucos, comece a fazer as coisas que permite que outras pessoas façam para você. Comece provando para si mesmo que você é capaz.

Autocontrole ou autodisciplina insuficientes

Ferida: Não consigo me controlar.

Nesta armadilha você tem dificuldade ou recusa em exercer autocontrole e tolerância à frustração com relação aos próprios objetivos e metas pessoais. Ou dificuldade em restringir a expressão excessiva das emoções e impulsos.

Em sua forma mais leve há ênfase exagerada na evitação da dor, do conflito, da confrontação, da responsabilidade ou de qualquer desconforto, mesmo que custe sua realização pessoal, comprometimento ou integridade.

Você tem autocontrole insuficiente, gerando impulsividade, desatenção, desorganização, dificuldades de persistir em tarefas tediosas e rotineiras. Costuma se atrasar em seus compromissos. Um hábito comum é a procrastinação.

Perceba se reconhece estes padrões de pensamento:

1. Não gosto de regras ou de responsabilidades. Tenho dificuldades para finalizar tarefas rotineiras e chatas do dia a dia.
2. Mesmo que seja algo importante para mim, se for chato eu não faço.
3. Tenho dificuldade em controlar a raiva, posso perder o controle com facilidade.
4. Sou impulsivo às vezes, e isso causa problemas com as pessoas à minha volta.
5. Não me considero uma pessoa persistente, não tenho disciplina, eu adio, atraso, desisto com facilidade em dar continuidade às tarefas cotidianas.

Possíveis origens desses padrões no seu sistema familiar:

- Seus pais não tinham autocontrole e você não foi incentivado a ter disciplina.
- Seus pais eram permissivos, não cobravam e não davam orientação. Você não aprendeu a estabelecer objetivos e metas.
- Quando criança, você não aprendeu a assumir responsabilidades. Não aprendeu a cooperar com os outros.
- Você não foi ensinado a tolerar o desconforto e a frustração.

Como ressignificar esses padrões:

- Fracione seus objetivos, estabelecendo de forma realista metas para cumprimento gradual, e desenvolva aos poucos sua capacidade de definir o momento em que pode haver alguma recompensa por ter cumprido um objetivo.

- Você pode começar com metas mais fáceis de serem cumpridas, que demandem menos tempo, para que, assim, se acostume a um comportamento de renúncia de algo a curto prazo em prol de objetivos futuros.
- Procure ajuda terapêutica para desenvolvimento de novos comportamentos.
- Busque um curso para desenvolvimento da sua inteligência emocional.

4. Domínio: Direcionamento para o outro

Este domínio está relacionado ao foco excessivo nos desejos, sentimentos e solicitações dos outros, à custa das próprias necessidades. Para obter aprovação, as pessoas mantêm o senso de conexão e evitam retaliação, passando por cima das suas necessidades, o que geralmente envolve supressão ou falta de consciência com relação ao sentimento de raiva e às suas próprias inclinações naturais.

Subjugação

Ferida: Eu sempre faço à sua maneira.

Você sacrifica suas próprias necessidades e desejos para agradar aos outros, vive para atender às necessidades alheias, e não à sua. Permite-se ser controlado, submete-se em função do sentimento de culpa (de que pode magoar outras pessoas se você se colocar em primeiro plano) ou de medo (de que será punido ou abandonado caso desobedeça).

Quando criança, alguém especialmente próximo a você o subjugava e dominava. Adulto, desenvolve repetidamente diversas relações com pessoas excessivamente controladoras, submetendo-se a elas, ou então se relaciona com alguém carente e frágil que não pode lhe dar absolutamente nada em troca.

De maneira geral, você experiencia o mundo baseando-se em questões que envolvem o controle. Outras pessoas sempre parecem estar no comando, e você se sente controlado por elas. No centro desta armadilha está a convicção de que você deve agradar aos outros, seus pais, irmãos, amigos, professores, parceiros, cônjuges, chefes, colegas de trabalho, crianças e até mesmo estranhos. Muito provavelmente, a única exceção a essa regra é você mesmo. O que as pessoas desejam vem sempre em primeiro lugar.

Este sentimento é opressivo. Atender às necessidades alheias envolve muita responsabilidade e pode ser exaustivo. A vida perde a graça e você deixa de ser livre, já que as escolhas que toma são ditadas pelos seus efeitos nas outras pessoas, e não em si mesmo. O foco não é "O que eu quero e sinto", e sim, "O que você quer e o que eu preciso fazer para que você fique feliz comigo".

Provavelmente você se vê como uma pessoa de fácil convivência, já que sempre busca agradar ao outro e tende a evitar conflitos, pois se relaciona bem com todos. Por isso, torna-se alguém predisposto à acomodação e à procrastinação quando precisa fazer algo por você. Considera-se flexível e capaz de se adaptar às pessoas, contudo, é difícil impor limites às demandas que os outros atribuem a você.

Existem duas grandes razões pelas quais as pessoas com esquema de subjugação permitem que outras as controlem. A primeira é que elas se subjugam por culpa, ou porque querem aliviar a dor do outro. A segunda é por medo, para impedir rejeição, retaliação, punição ou abandono.

Perceba se reconhece estes padrões de pensamento:

1. Não gosto de exigir, confrontar ou questionar as pessoas. Tenho medo de que me rejeitem ou de que fiquem com raiva de mim.
2. Penso e faço pelos outros mais do que por mim mesmo e me sinto culpado quando coloco minhas necessidades em primeiro lugar.
3. Gosto de agradar aos demais e de fazer com que se sintam bem. Busco aprovação das pessoas.

4. Sempre tomo conta daqueles que estão à minha volta. Quando vejo alguém sofrendo, sofro igualmente e procuro ajudar.
5. Meus direitos podem vir em segundo lugar, não me importo. Acho difícil exigir ou pedir alguma coisa, mesmo que tenha direito.

Possíveis origens desses padrões no seu sistema familiar:

- Tentaram dominar ou controlar quase todos os aspectos de sua vida, ameaçavam, faziam você se sentir culpado, egoísta ou ficavam bravos quando você não agia de acordo com o que queriam.
- Seus pais se afastavam emocionalmente ou cortavam contato se você discordasse deles sobre como fazer as coisas. Um deles não estava suficientemente disponível ou capaz e você acabou tendo que tomar conta do resto da família.
- Seus pais sempre falavam com você sobre os próprios problemas, mantendo-o sempre como ouvinte, invertendo a ordem dos papéis.
- Seus pais eram como mártires ou santos, altruisticamente cuidavam das necessidades alheias e negavam as próprias.
- Você sentiu que seus direitos, necessidades ou opiniões não foram respeitados quando era criança. Você precisava ter muito cuidado com o que dizia e fazia, pois se preocupava com a tendência de seu pai ou mãe ficarem preocupados ou deprimidos.
- Frequentemente, sentia-se chateado com seus pais por eles não lhe darem a liberdade que outras crianças tinham.

Como ressignificar esses padrões:

- Entenda subjugação durante a infância. Sinta sua criança submissa ou rebelde dentro de você.

- Afaste-se de relacionamentos com pessoas muito autocentradas ou egoístas para considerar as suas necessidades. Evite relações unilaterais. Saia de relacionamentos em que você se sente preso.
- Aprenda a sentir-se mais confortável quando alguém está triste, magoado ou bravo com você.
- Reanalise as suas relações anteriores e perceba o seu padrão de escolha por parceiros controladores e necessitados. Liste o que deve evitar e, se possível, evite parceiros egoístas, irresponsáveis ou dependentes, que vão despertar inicialmente grande atração em você.
- Quando achar um parceiro que se preocupa com suas necessidades, pergunta sua opinião e abre espaço para dividir as tarefas com você, dê uma chance para a relação.
- No trabalho, aceite os créditos pelo que faz e não deixe que outras pessoas tirem vantagem de você. Delegue responsabilidades.
- Ao rebelde: Procure resistir em fazer o oposto do que os outros dizem que deve fazer. Descubra o que quer e faça, mesmo que isso esteja em consonância com o que a figura de autoridade determina.

Autossacrifício

Ferida: Eu me sacrifico por você.

Pessoas que se autossacrificam sentem-se responsáveis pelo bem-estar dos outros. Quando você era criança, pode ter experenciado muita responsabilidade pelo bem-estar físico ou emocional de um de seus pais, irmãos ou outra pessoa próxima. Como adulto, você acredita que é sua responsabilidade cuidar de quem está ao seu redor e, ao fazer isso, você se negligencia.

Você é empático e talvez isso faça parte de seu temperamento inato. Sente a dor dos outros e quer aliviá-la. Tenta consertar as coisas, tornar tudo melhor. É importante observar que sua subjugação é, na maior parte, voluntária. Aqueles que o tenham subjugado na infância não o forçaram a fazer o que queriam. Em vez disso, você sentiu que a necessidade deles era prioritária à sua.

Quando presta atenção às suas próprias necessidades, sente-se frequentemente culpado. Para evitar essa culpa, coloca o desejo dos outros acima do seu. Autossacrifica e tem o sentimento de autoestima aumentado e uma sensação de sentido de vida por ajudar os outros.

O dar e o receber estão desequilibrados em sua vida. Embora as pessoas a quem você se doa não sejam culpadas por ter mais de você do que dão em retribuição, você certamente sentirá raiva, mesmo que não reconheça seu ressentimento. Para que você consiga mudar, terá que aprender a tolerar a culpa.

Perceba se reconhece estes padrões de pensamento:

1. Gosto de ajudar as pessoas. Faço mais pelos outros do que por mim.
2. Quando me coloco em primeiro lugar, sinto-me mal e culpado.
3. Eu preciso de muito pouco para viver.
4. Para mim é mais importante dar do que receber.
5. Tenho dificuldades em pedir ajuda e de falar para as pessoas aquilo de que preciso.

Possíveis origens desses padrões no seu sistema familiar:

- Quando criança, sentia-se demasiadamente responsável pelo bem-estar de um ou ambos os pais. Aprendeu a dar mais ênfase aos desejos dos outros.
- Aprendeu a suprimir a própria raiva ou seus pais ou sua família lhe fizeram acreditar que sentir raiva era algo ruim, errado.
- As razões mais comuns são: evitar causar dor aos outros, evitar a culpa por sentir-se egoísta ou manter conexão com pessoas percebidas por você como carentes.

Como ressignificar esses padrões:

- Liste situações do dia a dia, em casa ou no trabalho, em que se submete ou sacrifica suas próprias necessidades pela dos outros.
- Comece a construir suas próprias preferências e opiniões sobre aspectos da sua vida: filmes, livros, tempo de lazer, política, questões controversas atuais, uso do tempo etc. Aprenda sobre você e suas necessidades.
- Faça uma lista do que você faz ou dá para as pessoas ao seu redor e o que elas fazem ou dão para você. Por quanto tempo você escuta os outros? Por quanto tempo elas o escutam?
- Pare de ser passivo-agressivo. Esforce-se para expressar assertivamente o que precisa ou deseja. Comece pelos pedidos mais fáceis.
- Peça para as pessoas cuidarem de você, discuta seus problemas. Busque o equilíbrio entre o que você dá e recebe.

Busca de aprovação e reconhecimento

Ferida: Eu preciso do seu reconhecimento.

Ênfase na obtenção de aprovação, reconhecimento ou atenção das pessoas, ou em se adaptar aos outros à custa de satisfazer suas próprias necessidades.

Você costuma adaptar suas ideias e comportamentos para agradar e satisfazer os desejos dos outros, para então se sentir conectado e experimentar a sensação de pertencimento.

Seu senso de autoestima depende principalmente das reações alheias, e não das suas inclinações naturais.

Como se concentra nas expectativas, reações e necessidades dos outros, você não consegue desenvolver um senso de *self* estável e orientado para si mesmo e para suas necessidades e valores. Isso resulta em decisões importantes que não são autênticas ou satisfatórias, ou na sua hipersensibilidade à rejeição.

Você busca reconhecimento, querendo ser aplaudido e admirado. Neste caso, tende ao narcisismo, conferindo ênfase exagerada ao status, à aparência, ao dinheiro ou às conquistas como forma de ganhar a admiração das pessoas.

A elevação da autoestima depende das reações positivas em vez de seus próprios valores e inclinações.

Perceba se reconhece estes padrões de pensamento:

1. Busco ser admirado e reconhecido e isso é muito importante para mim.
2. Gosto de competir e de estar sempre em primeiro lugar.
3. O sucesso é o caminho para ser admirado e ter amigos. Gosto de estar em evidência e de perceber que os outros me respeitam e me consideram.
4. Me preocupo muito com o que as pessoas pensam sobre mim, e às vezes isso me causa ansiedade.
5. Preciso ser constantemente reconhecido; se isso não acontece, fico angustiado.

Possíveis origens desses padrões no seu sistema familiar:

- Seus pais o ensinaram que status é mais importante do que seus sentimentos, ou o fizeram sentir que não seria aceito se não atendesse à expectativa dos outros.
- Aprendeu que precisaria ter status, aparência ou dinheiro para obter aprovação e reconhecimento.

Como ressignificar esses padrões:

- Reconheça que não é possível agradar a todos. Alguém sempre vai nos criticar e reprovar, e isso acontecerá a todo ser humano neste planeta.
- Perceba que você é igual às pessoas, nem mais nem menos. Você não vale menos nem mais do que os outros. Não importa os êxitos conseguidos, nem as posses nem a autoconfiança, mas, sim, saber quem você é e quais são seus valores.
- Ser reprovado ou criticado não significa uma rejeição a você. Uma rejeição pode não ser pessoal, mas tão somente uma incompatibilidade de gostos, opiniões e estilos de vida.
- Fortaleça a sua autoestima. Quando acreditarmos que somos pessoas valiosas e tivermos uma opinião positiva sobre nós mesmos, uma reprovação não nos fará mal, porque conseguiremos vê-la como algo natural. O essencial é acreditar em si mesmo, apesar do que acontece no exterior.

5. Domínio: Supervigilância e inibição

Este domínio está relacionado à supressão de sentimentos e impulsos espontâneos e ao esforço para o cumprimento de regras internalizadas com relação a seu próprio desempenho, à custa da felicidade, autoexpressão, relaxamento, prazer, relacionamentos íntimos e boa saúde. Sua visão do mundo é negativa e direcionada para o pior, seguindo suas rígidas regras e valores, geralmente a partir de uma postura crítica e pessimista.

Negatividade e pessimismo

Ferida: Tudo dá errado comigo.

Foco nos aspectos negativos da vida, como dor, morte, perda, desapontamento, conflito, culpa, ressentimento, problemas não resolvidos, possíveis erros, traição, ao mesmo tempo que minimiza os aspectos positivos. Isso inclui uma expectativa exagerada, em situações profissionais, financeiras ou interpessoais, de que as coisas acabem dando muito errado.

Envolve medo de cometer erros que possam levar a um colapso financeiro, perdas, humilhações ou situações muito desagradáveis.

Você sente ansiedade, vulnerabilidade e teme cometer erros que poderão de alguma forma comprometer, desorganizar ou desagregar sua estabilidade. Dedica muito tempo refletindo a respeito disso, certificando-se de não cometer erros. Torna-se uma pessoa mais tensa e cronicamente preocupada, queixosa ou indecisa.

Perceba se reconhece estes padrões de pensamento:

1. Sei que algo vai dar errado, isso sempre acontece.
2. Se eu cometer algum erro, isso vai desencadear uma série de problemas que poderão não ter solução.
3. Se tiver uma chance de dar errado, sei que vai dar errado.
4. Sempre vejo o lado negativo das coisas, mesmo que as pessoas me falem o contrário.
5. Sou pessimista e sempre espero o pior cenário.

Possíveis origens desses padrões no seu sistema familiar:

- Seus pais eram pessimistas e preocupados com as coisas que poderiam não dar certo. Você desenvolveu o medo de cometer erros.
- Seus pais enfatizam o dever, o perfeccionismo, seguir regras e evitar erros. Quando criança, você era solicitado a fazer mais do que seria razoável.

Como ressignificar esses padrões:

- Otimismo e pessimismo estão relacionados à explicação que você dá aos eventos passados da sua vida. Dependem de como você classifica (como mérito ou culpa) as consequências de suas ações ou de outros, ou até mesmo o resultado de situações.

- Desenvolva sua orientação para o futuro, sem tirar a sustentação no aqui e no agora. A expressão do otimista é "em direção a alguma coisa". Quando olhamos para o passado, precisamos nos ater aos aprendizados, e não apenas aos erros ou falhas.
- Liste três eventos que deram certo em sua vida e explique por quê.
- Busque dar valor às suas emoções com sabedoria. Sinta as alegrias e as tristezas por um período razoável e abra-se às possibilidades que a vida apresenta diariamente.
- Inclua pequenas ações que te trazem prazer e afeto na sua rotina. Quando estamos felizes, conseguimos tirar a venda dos olhos e observar a vida com mais clareza, enxergando as novas oportunidades.

Inibição emocional

Ferida: Eu não sei expressar meus sentimentos.

Este esquema refere-se à crença de que você deve inibir seus impulsos e emoções, especialmente a raiva, já que esta expressão pode prejudicar outras pessoas ou provocar perda da autoestima, embaraço, retaliação ou abandono.

Pode ser uma pessoa pouco intensa ou espontânea, vista como mais contida, em vez de emotiva, espontânea e expressiva. Você suprime suas emoções, assim como suas necessidades e desejos, para evitar desaprovação dos outros, vergonha ou perda de controle sobre seus impulsos.

Você valoriza o autocontrole e não se sente confortável com intimidade. Tem dificuldade em expressar vulnerabilidade ou de comunicar-se livremente sobre seus próprios sentimentos, necessidades etc.

Outra característica é uma racionalidade exagerada, ao ponto de desconsiderar as próprias necessidades emocionais e as necessidades alheias.

Perceba se reconhece estes padrões de pensamento:

1. Eu não expresso meus sentimentos. As pessoas não devem expressar o que sentem. Tenho dificuldade e não gosto de expressar a raiva.
2. O controle das emoções é algo muito importante. Não gosto de manifestações exageradas de sentimentos.
3. Sou muito reservado, não demonstro o que sinto e não gosto de me expor.
4. As pessoas devem ser discretas e não compartilhar detalhes das suas vidas e seus sentimentos.
5. Não me sinto confortável em abraçar e tocar as pessoas, pois tenho dificuldade de contato físico.

Possíveis origens desses padrões no seu sistema familiar:

- Pais que desencorajam a expressão dos sentimentos para evitar a desaprovação.
- Seus pais foram severos, exigentes e punitivos com você.

Como ressignificar esses padrões:

- Busque um curso para desenvolver sua inteligência emocional.
- Peça ajuda terapêutica para ampliar seu autoconhecimento e a percepção de suas necessidades emocionais.
- Tenha um diário para ajudar a exercitar a expressão de sentimentos no papel. Escrever é um modo de elaborar as emoções e amplia seu autoconhecimento.
- Ouça as pessoas quando estão expressando seus sentimentos, com atenção plena. Perceba sua tendência a querer fugir ou se desconectar do momento.
- Procure retribuir a demonstração de afeto para aqueles que estão mais próximos de você e vá ampliando para outras pessoas, gradativamente.

Padrões inflexíveis ou postura crítica e exagerada

Ferida: Não sou bom o suficiente.

Nesta armadilha você pode desenvolver expectativas elevadíssimas sobre si mesmo e esforçar-se enormemente para alcançá-las. Acaba aplicando este modelo de padrões rígidos e inflexíveis a outras pessoas sendo exageradamente crítico.

Quando criança, era sempre esperado que você fosse o melhor, e se não obtivesse o primeiro lugar em tudo o que fizesse era considerado um fracasso. Você aprendeu que nada do que fazia era bom o suficiente.

O sentimento primário é a pressão. Você nunca pôde relaxar e aproveitar a vida. Estava sempre se cobrando para chegar mais longe. Lutava para ser o melhor em tudo que fazia, fosse na escola, no trabalho, nos esportes, hobbies, namoro ou sexo. Você tinha que ter a melhor casa, melhor carro, o melhor emprego, ganhar mais dinheiro e aparentar ser o mais belo ou elegante. Havia uma necessidade de ser perfeitamente criativo e organizado.

Existem três variantes comuns deste esquema. Você pode se enquadrar em mais de um tipo:

- **Compulsividade:** O compulsivo é a pessoa que mantém tudo em perfeita ordem, zela por cada detalhe, teme cometer qualquer erro, mesmo que seja pequeno. Sente-se frustrado e aborrecido quando as coisas não estão exatamente certas.
- **Orientação para o sucesso:** Este é o chamado *workaholic* (viciado em trabalho). Trabalha dezesseis horas por dia, sete dias por semana. Coloca um valor excessivo em um alto nível de realização à custa de suas outras necessidades. Tem que ser o melhor na sua profissão.
- **Orientação para o status:** É a ênfase excessiva em obter reconhecimento, status, riqueza, beleza, criando uma falsa identidade. É frequentemente

uma forma de contra-atacar, de compensar sentimentos primários de vergonha e isolamento social. Nunca se sente bem o bastante, não importa o que faça. Tende a ser autopunitivo ou a se sentir envergonhado quando não consegue atender às suas altas expectativas. Está preso a uma luta sem fim para acumular mais e mais poder, dinheiro ou prestígio, no entanto, nunca é o bastante para se sentir bem consigo mesmo.

Perceba se reconhece estes padrões de pensamento:

1. Tudo precisa estar perfeito, nos seus mínimos detalhes. Gosto da excelência, faço sempre o melhor que posso.
2. Estou sempre fazendo coisas e realizando tarefas. Não tenho muito tempo para relaxar e não sinto muito prazer nisso.
3. Preocupo-me com minha aparência, preciso ter uma boa imagem.
4. Meus amigos e familiares sempre reclamam que não tenho tempo para eles e que estou sempre ocupado.
5. Nada está bom o suficiente, sempre se pode fazer melhor. Não admito erros; quando erro, me critico muito.

Possíveis origens desses padrões no seu sistema familiar:

- O amor dos seus pais era condicionado a você atingir padrões elevados ou determinados resultados. Um ou ambos os pais eram modelos de padrões elevados.
- Seus padrões inflexíveis foram desenvolvidos como uma forma de compensar sentimentos de defectividade, vergonha, isolamento social, privação emocional ou fracasso.
- Um ou ambos os pais utilizavam a vergonha ou críticas quando você não conseguia satisfazer suas elevadas expectativas.

Como ressignificar esses padrões:

- Identifique as áreas da sua vida em que podem estar desequilibrados ou inflexíveis. Liste as vantagens e as desvantagens de tentar atender a estes padrões diariamente.
- Faça um ensaio mental de como seria ter uma vida sem essas pressões. Considere quais seriam os efeitos se você reduzisse seus padrões em torno de 25%.
- Procure quantificar o tempo que você dedica à manutenção de seus padrões.
- Perceba quais são padrões razoáveis obtendo um consenso ou opinião objetiva de pessoas que você considera mais equilibradas e felizes.
- Gradualmente, tente modificar sua agenda ou alterar seu comportamento a fim de atender às suas necessidades emocionais mais profundas.
- Inclua atividades de lazer em sua rotina.

Postura punitiva

Ferida: Eu não posso errar.

Indivíduos deste esquema apresentam postura punitiva e acreditam que as pessoas, incluindo eles mesmos, devem ser severamente punidas por cometer erros.

Você costuma ser moralista, agressivo e intolerante, apresenta grande dificuldade de perdoar os erros das outras pessoas e os seus próprios. Tem uma atitude zangada, intolerante, punitiva e impaciente.

Para você, os erros não têm desculpas ou atenuantes. Sente dificuldade em sentir compaixão e empatia quando alguém faz algo que é considerado ruim ou errado.

Perceba se reconhece estes padrões de pensamento:

1. Não tenho paciência com erros, acredito que quem erra deve ser punido. Quem erra tem que pagar.

2. Se houve um erro, é porque a pessoa que executou a tarefa é estúpida e incompetente.
3. Fico com raiva quando alguém comete um erro, ainda que este alguém seja eu.
4. Não tenho pena de quem erra. Não me interessam os motivos pelos quais o erro foi cometido.
5. Se a pessoa errou, foi porque não fez o que deveria ser feito.

Possíveis origens desses padrões no seu sistema familiar:

- Você teve pais punitivos, severos e rígidos. Quando criança, passou a acreditar que evitar erros é mais importante do que sentir alegria e relaxar.
- Seus pais o enfatizaram a seguir regras e evitar erros. Na infância, você foi solicitado a fazer mais do que o razoável. Seus pais priorizavam mais a realização de tarefas em detrimento da felicidade.

Como ressignificar esses padrões:

- Tome consciência de que os erros fazem parte do aprendizado. Para aprender é necessário testar, errar e tentar de novo, para descobrir novas formas de pensar e resolver problemas.
- A fim de ter novas ideias e propor soluções, é preciso se sentir confortável para expor as suas opiniões. Procure a convivência de pessoas que criam uma atmosfera segura onde todos podem se expressar livremente, se sentir ouvidos, com seu lugar de fala respeitado.
- Desenvolva a tolerância em relação a novas ideias e pontos de vistas diferentes. É impossível "pensar fora da caixa" se nos limitarmos e ficarmos condicionados aos nossos padrões e vivências.

- Mantenha a atenção aos seus sentimentos e demandas internas. Sempre que perceber que está em estado mais agitado, nervoso ou com pensamentos negativos, procure conversar com alguém de confiança.
- Mantenha a saúde mental e física, aprenda novos exercícios físicos simples para fazer em casa todos os dias. Exercício constante, o sono regular e uma dieta balanceada fazem diferença.
- Tenha um diário para ajudar a extravasar pensamentos e sentimentos. Escrever é um modo de elaborar as emoções e ajuda no autoconhecimento.

ONDE VOCÊ ESTÁ: "EU CRIANÇA" OU "EU ADULTO"?

Para evoluirmos e prosperarmos em todas as áreas da nossa vida, precisamos crescer. Todos nós um dia já fomos crianças. Experiências que vivemos na infância ficam guardadas no nosso inconsciente, mas, muitas vezes, nossa criança continua governando a nossa vida sem que percebamos.

A nossa criança interior é a guardiã do nosso inconsciente, em que estão registrados nossas memórias antigas, traumas, emoções etc. Quando crianças, sentimos o que aconteceu no nosso sistema familiar e, por lealdade sistêmica, criamos pactos inconscientes com os membros da família para resolver suas questões, em função do vínculo e por amor.

A nossa criança interior carrega o amor cego ao sistema familiar, muitas vezes identificando ou assumindo problemas não revolvidos pelos membros do sistema familiar. O que acontece é que nós crescemos, porém não aprendemos a desenvolver esta parte nossa, presa ao passado. Isso é o que chamamos de "eu criança" ou "criança interior ferida".

Ao nos tornar adultos, temos muitos comportamentos para várias questões, mas para outras ainda permanecemos fixados no "eu criança", esperando que alguém nos tire de determinada situação traumática, crença ou padrão. Só que isso não vai acontecer, então precisamos nos autorresponsabilizar e buscar a solução daquilo que nos faltou.

Inclusive, há quem tenha sofrido com pai, mãe, cônjuges ou com alguma morte e projete esse traumas nos relacionamentos e no trabalho. Infelizmente, esse caminho não é saudável.

É preciso tomar consciência do "eu adulto" para fazer escolhas melhores e conscientes. Assim, nos libertamos de congelamentos, pactos, padrões familiares e optamos por uma vida diferente.

Na constelação sistêmica, podemos acessar nosso "eu adulto" e nosso "eu criança". Dessa maneira, podemos descobrir o que nos paralisa e nos libertarmos.

Nossa criança interior pode estar em desequilíbrio com as Ordens do Amor ou Leis Sistêmicas (pertencimento, equilíbrio ou ordem) porque se coloca em um lugar de autoimportância. Ela pensa que ao se sacrificar, conectando-se ao amor cego, vai resolver todos os problemas da sua família. Isso a libera da culpa e a coloca no lugar de inocente, mas, ao invés de libertá-la, a aprisiona nos padrões repetitivos do seu sistema familiar.

Se você adota essa postura, não mudará sua situação familiar, e continuará carregando problemas para sua vida e para as próximas gerações.

A questão é que o "eu criança" não tem capacidade de discernir na hora em que isto acontece. Ele realmente é tomado por esse amor. Cabe a nós, como adultos, buscarmos solucionar a nossa criança interior, que tomou decisões por uma lealdade sistêmica.

Quando nos sentimos travados em algum aspecto da nossa vida, é preciso curar nossa criança interior ferida, olhar para nossa história, revisitar memórias e emoções que foram abafadas, para que possamos integrar, ressignificar e contar uma nova história, com mais leveza e liberdade.

E como saber se estamos vivendo no "eu criança" ou no "eu adulto"?

Vamos ver as diferenças:

"Eu criança"	"Eu adulto"
Resiste à realidade: Não, não deve ser verdade. Por que isso está acontecendo comigo?	**Busca a realidade:** O que está acontecendo? O que eu posso aprender com isso?
Briga com a realidade: Detesto chuva, acabou com meu dia. Se minha mãe morrer, eu morro junto. Depois da doença/morte do meu ente querido, minha vida passou a não ter mais sentido.	**Aceita a realidade:** Sim, está chovendo! Minha mãe permanece viva em mim. Faço o melhor da minha vida por honra e em memória dos que vieram antes.
Busca culpados: Meus pais me devem. Eu não recebi o suficiente. Ninguém me entende. Faço tudo para agradar as pessoas, mas elas nunca me reconhecem. Ele acabou com a minha vida.	**Assume sua parte:** Cada um faz o melhor que pode com os recursos que tem. Eu me acolho e me aceito como sou. Sigo minha alegria e felicidade, mesmo que isso não agrade a todos. Me senti ferido e agora farei algo por mim.
Foca no problema: Não é a minha função. Eu nunca dei sorte nos relacionamentos. Sou uma vítima da crise econômica e dos fatores externos. Eu não sou/tenho o suficiente.	**Busca a solução:** O que posso fazer agora? Eu não dependo do outro para ser feliz. Vejo as oportunidades na crise e como posso me adaptar. O que posso fazer com o que tenho?
Espera por uma resolução: Tenho medo de tomar decisões. Espero que alguém resolva e faça por mim.	**Autorresponsabiliza-se:** Decido e assumo as consequências. Eu faço o que precisa ser feito.
Mindset de vitimização	**Mindset da autorresponsabilidade**

A CRIANÇA QUE FUI CHORA NA ESTRADA

"A criança que fui chora na estrada.
Deixei-a ali quando vim ser quem sou;
Mas hoje, vendo que o que sou é nada,
Quero ir buscar quem fui onde ficou."

Fernando Pessoa. *Novas poesias inéditas.*

AS ORDENS DO AMOR

Para que o amor possa fluir dentro do nosso sistema familiar, ele precisa vir acompanhado de alguns princípios que Bert Hellinger chamou de Ordens do Amor ou Leis Sistêmicas.

Como principal fundamento das Constelações Familiares, Bert estruturou as Ordens do Amor, que são três leis básicas que devem ser respeitadas para que haja harmonia dentro do sistema familiar: o pertencimento, em que todos têm o igual direito de pertencer a um determinado sistema ao qual se encontram; o equilíbrio entre o dar e o receber, em que o credor e o devedor devem sempre ser equivalentes; e a ordem ou hierarquia, em que os mais antigos têm precedência aos mais novos.

Nas teorias de Bert Hellinger, ele descreve o amor que cura e o que adoece.

O amor que adoece e não faz crescer repete um padrão ou um comportamento não saudável. Dentro dessa dinâmica, a condição de amar está também ligada à busca de ser amado. Algumas pessoas preferem seguir aqueles que sofreram, fazendo sua vida também ser um sofrimento, mesmo se na maioria das vezes passam toda a existência sem se dar conta disso.

Neste caso, têm a ilusória sensação de que é a maneira certa para pertencerem à sua família e honrarem seus ancestrais. Involuntariamente, é um lugar de sofrimento, onde se sentem em casa.

No amor que cura, tomamos consciência dos padrões repetitivos e escolhemos seguir por um caminho um pouco diferente. Não como rebeldia, pois ela também é uma forma de amor que adoece, mas integrando tudo que aconteceu, sem julgamentos; dizendo sim para tudo como foi, honrando todos aqueles que vieram antes com amor e gratidão. Desta maneira, podemos nos libertar e seguir o nosso chamado.

> "A desordem é criada porque falta o Amor. A doença é criada porque falta o Amor. Porque alguém foi excluído do Amor. E como acontece então a cura? Através do Amor. E qual Amor? Um Amor Espiritual. O que significa aqui Amor Espiritual? Olhar para todos com o mesmo Amor."
> Bert Hellinger

Alguns pontos fundamentais no aprendizado das constelações sistêmicas:

- Estamos todos conectados dentro de vários sistemas e o que mais nos influencia é o sistema familiar.
- Permanecemos conectados ao nosso clã por toda a vida e com ele compartilhamos amor, memórias e estratégias de sobrevivência ao longo das gerações.
- Só estamos vivos graças aos que vieram antes de nós. A força e o amor dos nossos antepassados seguem vivos dentro de nós.

LEI DO PERTENCIMENTO = INCLUSÃO

A necessidade básica de pertencer à nossa família é o nosso desejo mais profundo. Essa necessidade de pertencer a ela vai além até mesmo da nossa necessidade de sobreviver.

Segundo Bert Hellinger, isso quer dizer que estamos dispostos a sacrificar nossa vida pela necessidade de pertencer ao sistema.

Pertencer significa fazer parte de algum grupo, seja na família, no trabalho, entre amigos. É a importância de fazer parte de algo, de ser incluído e ocupar um determinado lugar. Pertencimento é não julgar, é olhar com amor. É aceitar e concordar com o coração. É saber que o comportamento reprovável de um excluído sempre reaparece nas gerações seguintes.

De acordo com a Lei do Pertencimento, todos que um dia fizeram e os que ainda fazem parte do sistema familiar têm o direito de pertencer. Dessa forma, aquele que for excluído, rejeitado ou abandonado será representado por outro membro que vai se identificar com ele, inconscientemente, gerando um desequilíbrio no sistema. Isso provoca consequências dolorosas a toda a família, que percebe e carrega os efeitos dessa exclusão. Enquanto houver excluídos, haverá sofrimento.

Você sabe se na sua família existem pessoas excluídas? Elas podem ser: rejeitadas ou abandonadas pela família; fruto de abortos não reconhecidos; filhos fora do casamento, aqueles que não foram devidamente reconhecidos ou que não são lembrados pelos familiares.

Mesmo quando essa exclusão ocorre em segredo, a falta de um membro da família afeta o sistema de maneira inconsciente por gerações. Por meio do senso coletivo, sentimos que falta alguém.

Essa memória de exclusão se perpetua pela vida dos descendentes que, identificados com o primeiro excluído, inconscientemente repetem o seu destino e são também excluídos de algum modo. Mudam o cenário, a época, os personagens, mas o sentimento de exclusão é o mesmo. Dela, derivam diversas perdas, vícios e sofrimentos na vida dos descendentes dessa família.

Bert Hellinger escreve:

> Pertencer à nossa família é nossa necessidade básica. Esse vínculo é o nosso desejo mais profundo. A necessidade de pertencer a ela vai além até mesmo da nossa necessidade de sobreviver. Isso significa que estamos dispostos a sacrificar e entregar nossa vida pela necessidade de pertencer a ela [...] devido a esse desejo de vínculo, estamos dispostos a ficar doentes e deficientes, morrer de forma estranha ou até mesmo tirar a própria vida, no lugar de outros membros de nossa família.

Quando a pessoa escolhe fazer diferente, tem a sensação de culpa e de não pertencimento. E, em muitas ocasiões, o mesmo padrão de comportamento, já que assim a culpa não pesará.

Se você sente um peso por ser diferente de seus parentes, verifique em seu corpo como enxerga o que sua família lhe deu. Você julga porque considera que não recebeu o suficiente ou porque, se fosse diferente, sua vida seria mais leve? Perceba como esse tipo de pensamento pode se aprisionar naquilo que lhe falta, e não no que recebeu. O julgamento exclui e o sistema se movimenta para compensar.

A postura mais adequada aqui é a gratidão. Com ela, você pode tomar o que tem, honrar todos que vieram antes, que foram fundamentais para sua existência, e seguir adiante assumindo a responsabilidade pela sua felicidade.

Diagnóstico da Lei do Pertencimento

Responda às perguntas a seguir:

1. Alguém em minha família se excluiu ou foi excluído, abandonado ou rejeitado, independentemente do motivo?

2. Percebo uma falta em mim ou em um familiar? Eu, meus pais ou avós tiveram filhos abortados, natimortos ou filhos não reconhecidos?
3. Eu ou algum de meus antepassados prejudicou ou foi prejudicado, excluiu ou deixou de reconhecer com justiça alguém em seu ambiente familiar, de trabalho ou numa sociedade?
4. Sinto insegurança com uma certa frequência ou tenho dificuldade em obter recursos que garantam a minha sobrevivência e integridade física (alimentação, moradia etc.)?
5. Constantemente começo algo e desisto no caminho? Tenho muitas dúvidas sobre o que fazer e dificuldade em escolher o que seguir?
6. Identifico alguns sintomas comportamentais em mim ou em alguém da minha família, tais como: déficit de atenção, hiperatividade, depressão, síndrome do pânico, angústia de separação ou alguma doença física degenerativa?
7. Eu ou alguém do meu círculo familiar se sente deslocado ou inadequado, como um peixe fora d'água, um extraterrestre ou ovelha negra, como se não pertencesse à família?

Se você respondeu SIM para pelo menos uma das perguntas acima, pode estar emaranhado com alguma questão do seu sistema familiar que envolve alguma exclusão.

Neste caso, precisa incluir no seu coração as pessoas que foram excluídas, rejeitadas ou abandonadas por alguém. Às vezes também nos excluímos, ou continuamos convivendo com alguém, mas o afastamos do nosso coração, e de alguma forma o rejeitamos. Perceba se há alguma pessoa que precisa ser incluída.

Assuma uma nova postura, considerando que todos fazem parte do sistema.

Falas sistêmicas para transformação:

- Eu faço parte desta família.
- Todos vocês fazem parte desta família.
- Aos pais: Vocês são os pais certos para mim.
- Honro a vida e a força que vêm dos meus ancestrais.
- Eu sigo para a vida e vou fazer algo de bom com ela em sua honra.

> "Uma pessoa está em paz quando todas aquelas que pertencem à sua família têm lugar no seu coração."
> Bert Hellinger

LEI DO EQUILÍBRIO = COMPENSAÇÃO

A Lei do Dar e Receber, também chamada de Lei do Equilíbrio, foi observada nos grupos sociais por Bert Hellinger como algo de fundamental importância para o funcionamento e a manutenção dos sistemas de uma forma geral. Todo ser é dotado da capacidade de troca, oferecendo aos outros seus dons, talentos, capacidades e habilidades, recebendo o que for importante para satisfazer suas necessidades de sobrevivência, crescimento e desenvolvimento. Uma relação equilibrada, quando as partes compartilham mutuamente, dando e recebendo aquilo que cada uma é capaz, se mantém saudável e harmoniosa, promove bem-estar, liberdade e amadurecimento.

A Lei do Equilíbrio descreve a necessidade de harmonia entre o dar e o tomar. Na constelação usamos o verbo tomar, que vai além de receber. Receber é algo passivo, enquanto tomar é ativo, pois trata-se de uma ação em direção a algo que queremos.

Para que exista equilíbrio em um relacionamento, o dar e o tomar devem estar na mesma proporção. Um dá alguma coisa para o outro e o outro toma o que foi dado. Quem recebe dá algo em troca e isso gera o equilíbrio, como em uma conta-corrente, em que sempre há débito e crédito para se manter estável.

Se as relações humanas são iniciadas sem a consciência da necessidade desse equilíbrio, também começam as experiências de culpa e inocência. Porque quem dá se sente no direito de reivindicar e quem toma passa a ter uma obrigação. E não há descanso nessa troca até que haja uma compensação, uma consequente inversão de papéis.

Podemos escapar desse ciclo não recebendo, ou melhor, não tomando. Isso implica não ficar obrigado a algo, mas pode gerar um vazio. Ao não tomar, também não se toma a vida. Podemos preferir dar mais para estar sempre no direito de receber, e isso pode destruir relacionamentos.

O amor em uma relação aumenta quando quem recebe dá um pouco mais em troca do que aquilo que tomou, pois sente-se muito grato. Quem recebe de volta, da mesma forma, agradece e dá novamente, dessa vez um pouco mais. E, assim, forma-se uma crescente troca de amor e compromisso.

Equilíbrio na relação entre pais e filhos

Considerando a hierarquia sistêmica, a retribuição acontece de um jeito diferente. Os pais dão para os filhos sem esperar nada em troca. Os filhos recebem e agradecem, pois já nascem recebendo o que é mais importante: a vida. Neste caso, como eles podem retribuir tudo o que receberam? Passando adiante. A retribuição acontece quando os filhos passam a vida e o amor que receberam à próxima geração da família, mantendo o fluxo da vida. A retribuição também pode acontecer por meio dos frutos do seu trabalho, quando a pessoa se coloca a serviço da vida, ou seja, ao realizar algo que dá propósito à sua existência e que serve às pessoas ao seu redor.

Diagnóstico da Lei do Equilíbrio

Responda às perguntas a seguir:

1. Minhas relações de troca são equilibradas ou tenho a sensação de que recebo mais do que posso retribuir ou de que dou mais do que recebo?
2. Reconheço que as pessoas que mais me deram foram meus pais ou fico no ressentimento daquilo que não puderam me dar? Quando ajudo meus pais, me sinto maior do que eles? Interfiro nas suas escolhas e decisões?
3. Na família percebo meu limite na relação de troca com meus pais, irmãos e familiares, e sei respeitar os limites deles?
4. Minhas relações afetivas levam em consideração a minha capacidade de dar, mas também de receber, sem que para isso tenha que me sentir devedor ou credor? Ou já me vi esperando demais ou exigindo algo do meu parceiro?
5. Sinto satisfação com as trocas em meu ambiente de trabalho na relação com a empresa, colegas e superiores? Ou sinto que não sou devidamente reconhecido ou bem remunerado pelo trabalho que faço?
6. Sou do tipo de pessoa que está sempre querendo ajudar todo mundo e me envolvendo em problemas que não são meus? Percebo-me frequentemente em situações em que os outros abusam ou tiram vantagem de mim?

Se você respondeu SIM para alguma das perguntas acima, perceba como está o equilíbrio entre dar e receber nos seus relacionamentos, qual dinâmica atua nas trocas.

A compensação nos relacionamentos deve ser natural e espontânea. Se você precisa cobrar, é sinal de que essa relação não está saudável e que algo precisa ser comunicado ou revisto quanto aos papéis. Lembre-se das vezes em que isso aconteceu com você e anote-as. Perceba qual é o padrão por trás dessas situações.

Falas sistêmicas para transformação:

- Aos pares: Eu sou igual a você, nem mais, nem menos.
- Aos pais: Reconheço e sou grato pela vida que recebi de vocês.
- Aos pais: Eu reconheço a grandeza de tudo que recebi.
- Agradeço por todo o aprendizado.

> "O que dá e o que recebe conhecem a paz se o dar e o receber forem equivalentes. O equilíbrio entre crédito e débito é fundamental em todos os relacionamentos."
> Bert Hellinger

LEI DA HIERARQUIA = ORDEM

A Lei da Ordem ou Hierarquia diz respeito a quem chegou primeiro à família. Portanto, os mais velhos merecem ser olhados com muito respeito e cuidado, pois foi por intermédio deles que a família se manteve. Você pode dizer que agora já estão velhos e não sabem mais das coisas. Em muitos casos pode ser verdade, mas devem ser respeitados nas suas decisões e necessidades mesmo assim.

Cada membro da família possui um lugar único e intransferível. A cada um cabe apenas o seu papel de acordo com sua posição no sistema familiar. Por exemplo, o pai é o pai, a mãe é a mãe, e o filho é o filho. Ninguém pode tomar o lugar de ninguém. O princípio da ordem é o respeito aos que chegaram antes e à hierarquia entre os membros da família. Quando ele é desrespeitado, o sistema entra em desequilíbrio. Bert Hellinger dizia que quem não sabe seu lugar na família também não sabe seu lugar no mundo.

Você sente que está no lugar certo em sua família? Se sim, você aceita suas possibilidades e limitações, é forte. Ao sair dele para ocupar outro papel, perde a força.

Na hierarquia familiar, os pais são os grandes e os filhos pequenos diante deles, assim como num organograma empresarial, em que os gestores estão acima e seus subordinados estão abaixo.

Quando um filho se sente maior que seus pais ou há uma inversão de papéis, a Lei da Ordem é infringida e isso traz consequências muito dolorosas para a família.

Quando um filho toma um lugar que não é seu, fazendo, por exemplo, o papel de pai dos irmãos, ou quando uma filha age como se fosse mãe da própria mãe, ou o filho como pai do próprio pai, ocorre um desequilíbrio e quem assume esse lugar paga um preço alto por isso, pois torna-se pesado e incômodo.

Existem conflitos e brigas recorrentes na sua família ou nas suas relações?

A origem deles geralmente tem a ver com inversão de papéis e problemas de hierarquia. Inúmeras doenças, sintomas e brigas costumam ser consequências de papéis invertidos e posições invadidas na hierarquia familiar.

Às vezes queremos ajudar demais ou desejamos que os outros vivam conforme nossa vontade e acabamos "passando do ponto" com as pessoas que amamos, invadindo um espaço que pertence a elas. Quando impomos que nossos pais, irmãos ou cônjuge façam o que queremos, estamos nos colocando como pais dessas pessoas. Ao ocupar o papel de pai de alguém que não é nosso filho, saímos do nosso lugar e isso traz graves consequências para nossas vidas.

É importante ressaltar que, na maioria das vezes, esses desequilíbrios são gerados pelas pessoas de maneira inconsciente. Em muitas circunstâncias, tem-se uma boa intenção de ajudar ou de resolver alguma situação e, por falta de consciência sobre essas leis, as pessoas acabam tomando atitudes que invertem a ordem hierárquica.

Diagnóstico da Lei da Ordem ou da Hierarquia

Responda às perguntas abaixo:

1. Percebo-me com frequência me sentindo sem um espaço que seja meu ou com uma sensação de que não vou conseguir me realizar na vida? Sinto-me deslocado profissionalmente ou que ainda não encontrei meu lugar no mundo?
2. Olho com respeito para aqueles que vieram antes de mim na minha família ou fico apenas julgando suas atitudes negativas?
3. Vejo meu pai ou minha mãe como mais fracos ou incapazes do que eu, ao ponto de buscar resolver seus problemas, mesmo quando não me pedem? Assumo o papel de mãe ou pai dos meus pais? Costumo intervir nas discussões entre meus pais e tomar partido de um contra o outro?
4. Assumo para mim o papel de meus pais ao tentar ajudar algum irmão mais novo ou procuro auxiliar apenas no meu lugar de irmão, quando necessário?
5. Me percebo querendo ajudar, aconselhar ou orientar meus pais ou outros familiares, mesmo sem eles me pedirem?
6. Quando me mostro, em algum aspecto, mais capaz do que meus irmãos mais velhos, acredito ser mais importante ou ter mais direitos do que eles?
7. Costumam cobrar de mim responsabilidades que na verdade não são minhas?
8. Me percebo carregando as responsabilidades do meu parceiro?
9. Tento prevalecer, julgando-me mais importante do que os filhos do primeiro casamento do meu marido ou da minha esposa?
10. No trabalho, olho com respeito para os antecessores e reconheço sua contribuição, mesmo que seu trabalho tenha se tornado obsoleto?
11. Imponho mudanças ao ambiente organizacional e às rotinas de trabalho, sem os devidos cuidados, sem escutar, reconhecer e valorizar aquilo que já havia de positivo antes?

12. Me sinto em meio a conflitos com certa frequência?
13. Costumo me sentir responsável pela felicidade ou pela vida de outras pessoas? Ou me vejo em alguma situação de dependência em relação a alguém?

Se você respondeu SIM para pelo menos uma das perguntas acima, precisa rever seus papéis nas relações. Perceba se está no "seu lugar" ou se tem ocupado o de outras pessoas, carregando coisas que não são suas.

Se isso ocorre, certamente o princípio da ordem ou hierarquia está sendo violado, trazendo alguma desordem à sua vida.

Falas sistêmicas para transformação:

- A partir de agora, eu sei qual é meu lugar. Eu me coloco no meu lugar.
- Eu te devolvo o seu lugar.
- Aos pais: Diante de vocês, eu sou pequeno e vocês são grandes.
- Aos pais e ancestrais: Vocês vieram antes e eu depois.

> "A pessoa não consegue tomar o que recebeu por fazer exigências, que é uma forma de rejeitar os pais. Quando alguém quer impor aos pais a maneira como devem ser ou o que deveriam fazer por ele, impede a si mesmo de tomar o que é essencial."
> Bert Hellinger

EXERCÍCIO SISTÊMICO – MINHAS RAÍZES

Proponho para você agora um exercício de enraizamento e reconexão com suas raízes. Ache um lugar em que possa entrar em contato com a natureza, se possível com os pés descalços no chão.

Fique em pé, inspire e expire profundamente, relaxe todo o seu corpo. Aos poucos, silencie, sinta a sensação dos pés em contato com o chão e a natureza ao seu redor. Você pode visualizar ou imaginar uma placa de luz abaixo dos seus pés. Ela ilumina todo o espaço onde você está agora. Dos seus pés, grandes raízes se formam, brilhantes, fortes, calibrosas. Elas atravessam a placa de luz e mergulham até a camada mais profunda da terra. Você pode imaginá-las atravessando as camadas até se conectar com o Coração Cristalino da Terra.

Perceba se todas as suas raízes conseguiram atravessar a placa de luz e se conectaram com as camadas profundas da terra. Talvez algumas estejam mais profundas ou ainda surgindo; outras estejam mais tímidas, ou mais calibrosas. Observe: **como estão as suas raízes?**

Você pode imaginar a energia do amor sendo enviada do seu coração para suas raízes. Ela parte do seu coração e se une com a de amor que vem da Mãe Terra, por meio da conexão com o coração de Gaia. E quando você coloca atenção da energia do amor nas suas raízes, é como se elas estivessem sendo adubadas, tornando-se mais fortes, firmes e iluminadas.

E você pode se perguntar, sem se preocupar com a resposta:

Por que é tão leve, amoroso e divertido ter raízes fortes e brilhantes?

Por que é tão fácil fortalecer as minhas raízes?

Por que é tão incrível sentir a força das minhas raízes?

Por que é tão maravilho ter raízes conectadas com o coração da Mãe Terra?

Perceba que, a cada pergunta, as raízes se fortalecem, se tornam mais brilhantes e profundas. E é nesse momento que seu coração se expande em luz em gratidão pelas raízes que o conectam com a Mãe Terra.

Nesse lugar, você testemunha o quanto já é nutrido por meio das raízes. Você recebe a força, a nutrição e o amor que vêm da terra. Sinta, a partir dessa experiência, a conexão com a Vida na Terra.

Como estão suas raízes?

Fonte: Adaptação da obra de Maria Carolina Dias. Disponível em: https://img.wattpad.com/cover/88541516-256-k681983.jpg. Acesso em: 15 ago. 2021.

Inspire e expire profundamente. Agradeça às suas raízes e vá retornando para o aqui e agora. Voltando, reconectando-se com seu corpo, mexendo seus braços e pernas lentamente. No seu tempo e ritmo, você retorna, mantendo a presença e a conexão.

O APRENDIZADO

"QUEM ACHA QUE SABE TUDO, JOGA FORA A GRANDE OPORTUNIDADE DE APRENDER."

SERGIO MORETTO

INCLUSÃO: O CHAMADO DA CONSCIÊNCIA

Qual é o seu chamado? Para que possamos seguir nossa jornada, precisamos estar inteiros. E só podemos nos sentir inteiros se incluirmos todas as nossas partes, ou seja, não podemos excluir nada, tudo é importante e faz parte de quem nós somos.

Um dos principais aprendizados das constelações sistêmicas é que toda exclusão gera um desequilíbrio sistêmico. A mente dualista é contraditória por natureza. Ela estabelece um diálogo interior que perturba nossa paz, pois nos faz escolher entre uma coisa ou outra. Estamos sempre pensando: *talvez isto, talvez aquilo, talvez outra coisa*. O pensamento perpetua o conflito dentro da nossa mente. Ele nos torna agitados e profundamente confusos. Quando chegarmos à conclusão de que essa confusão é o resultado de uma mente condicionada pela visão dualista da realidade, então poderemos fazer alguma coisa a respeito. Até lá, será impossível lutar contra o problema, porque não identificamos corretamente sua verdadeira causa. Não é suficiente tratar apenas dos sintomas. Precisamos investigar a origem dos problemas, se quisermos verdadeiramente nos livrar deles.

Quando excluímos alguma emoção, ela não deixa de existir; muitas vezes, a rejeição dessa emoção pode se transformar em um transtorno mental, emocional ou em uma doença somática. Quando incluímos cada uma das nossas emoções e compreendemos a importância delas, podemos trazer consciência e buscar seu equilíbrio.

EM FALTA	EM EQUILÍBRIO	EM EXCESSO
MEDO		
Coloca-nos em situações de risco, de ameaça à vida.	Como nosso guardião, garante a preservação e continuidade da vida.	Nos paralisa, congela e impede a ação.
TRISTEZA		
Gera falta de conexão e de empatia entre as pessoas.	Faz com que desenvolvamos a empatia, a conexão com o outro e a busca de sentido.	Faz com que fiquemos imersos na tristeza profunda, com disposição a estados depressivos.
RAIVA		
Causa inércia, procrastinação e falta de energia vital.	Causa em contato com a energia vital, nos dá disposição e movimento para a ação.	Provoca em nós reações agressivas, violentas.

Não importa o que tenhamos excluído, seja uma emoção, um aspecto da nossa personalidade, uma pessoa, o que foi rejeitado precisa ser resolvido, aceito, incluído e receber um lugar no nosso coração. Também pode ser o caso de membros da família que foram excluídos e precisam ser trazidos de volta, reconhecidos e integrados com amor.

Um elemento fundamental deste princípio é a compreensão de que o que quer que nós rejeitemos, permanecerá poderoso, enquanto continuarmos a rejeitá-lo. Isso ocorre porque o próprio ato de rejeitar dá poder e energia para nos perseguir. O fantasma se fortalece para assombrar enquanto estiver convencido de que ele é um fantasma. Quando passa a ser visto como uma pluma no vento, deixa de assustar.

Depois de dizer sim e aceitar aquilo que não podemos mudar, acontece uma poderosa mudança dentro de nós. Não é só uma questão de aceitação, e sim de parar de fugir e encarar os fantasmas que tanto tememos para finalmente encontrarmos o amor por eles, dentro de nós mesmos.

O problema todo é criado porque queremos evitar a dor. Uma das funções da mente é tentar nos salvar de experimentar desconforto de qualquer tipo. O processo de cura consiste em reconhecer que a dor é parte da vida e não pode ser evitada.

Quando a morte está em questão, naturalmente não podemos fazer juízo de valor. Uma morte precoce ou por velhice são simplesmente dois destinos diferentes, um mais significativo do que o outro. Nossa opinião arbitrária vê numa morte precoce uma tragédia, algo a ser expurgado imediatamente. Compreender a naturalidade da morte faz com que seja possível reconhecer que uma pessoa tinha um destino difícil e que morreu jovem, sem que sintamos pena dela.

É vital descobrir quem está sendo representado em uma exclusão, com quem está ocorrendo a identificação, e então trazer essa pessoa para dentro da família para que possa ser vista, reconhecida e incluída com amor. Daí aquele que a representava fica livre. Quando o excluído é visto como alguém e é integrado,, todo o sistema volta ao seu equilíbrio.

Frequentemente, existe uma dinâmica oculta nos sistemas familiares: *alguém tem que sofrer; se eu sofrer no lugar dos meus pais, então eles sofrerão menos.* Isso não é verdade. De fato, o que ocorre é um sofrimento em dobro. Ficamos presos ao amor cego que viola a consciência coletiva da ordem sagrada das coisas e ninguém se beneficia dessa situação. Precisamos compreender que, se cada um cuidar da sua própria felicidade, todo o sistema se harmoniza e prospera, pois não podemos viver a jornada evolutiva no lugar de ninguém.

E você pode se perguntar: Como sei se estou excluindo algo, alguma pessoa, emoção ou parte minha?

Vamos fazer um exercício. Para cada linhada lista abaixo, perceba qual comportamento está mais presente na sua vida neste momento, e marque o número mais próximo.

Exemplo: Se você se considera uma pessoa muito autocrítica e não pratica a autogentileza, marque 1. Se navega ora no excesso, ora no equilíbrio, marque 3. Se for uma pessoa com muita autoconfiança e segurança, marque 5.

Autocrítica	1	2	3	4	5	Autogentileza
Orgulho	1	2	3	4	5	Humildade
Autoengano	1	2	3	4	5	Autenticidade
Comparação	1	2	3	4	5	Equanimidade
Escassez	1	2	3	4	5	Abundância
Insegurança	1	2	3	4	5	Autoconfiança
Excesso	1	2	3	4	5	Equilíbrio
Negação	1	2	3	4	5	Aceitação
Vitimização	1	2	3	4	5	Autorresponsabilidade
Procrastinação	1	2	3	4	5	Ação
Rigidez	1	2	3	4	5	Flexibilidade
Preocupação	1	2	3	4	5	Presença
Julgamento	1	2	3	4	5	Compaixão
Reclamação	1	2	3	4	5	Gratidão
Vingança	1	2	3	4	5	Tolerância
Mentira	1	2	3	4	5	Verdade
Separação	1	2	3	4	5	União
Medo	1	2	3	4	5	Amor

Agora, some as respostas que deu para cada pergunta (1 = 1 ponto / 5 = 5 pontos) e veja o resultado a seguir, que deve estar entre 15 e 90 pontos.

De 15 a 30 pontos – Seus níveis de exclusão estão altos. Reflita sobre o que está sendo excluído em sua vida. Se não consegue perceber, recomendo que inicie seu processo de autoconhecimento por meio de terapia ou constelação sistêmica, para que consiga expandir sua consciência, sair do piloto automático e dos padrões repetitivos. Os resultados serão muito positivos, proporcionando uma vida mais leve e mais feliz.

De 31 a 60 pontos – Você já consegue sair do piloto automático e quebrar padrões em algumas situações, mas em outras ainda se sente preso a dores do passado. Pergunte-se: o que eu ainda não estou vendo? Amplie seu autoconhecimento por meio da terapia ou constelação sistêmica e perceba os benefícios que isso pode te trazer.

De 61 a 75 pontos – Você já iniciou seu processo de autoconhecimento, apresenta bons níveis de inclusão e sabe que pode melhorar ainda mais. Você pode se beneficiar seguindo no caminho da expansão da consciência, por meio da postura sistêmica, trazendo ainda mais integração e equilíbrio para sua vida.

De 76 a 90 pontos – Você atingiu o nível máximo de inclusão, parabéns! Continue neste caminho de aceitação e inclusão de si mesmo e daqueles ao seu redor, por meio da postura sistêmica, e amplie ainda mais sua consciência. Você pode ajudar outras pessoas a fazerem o mesmo, inspiradas no seu exemplo e no seu olhar sistêmico.

EXERCÍCIO DE INCLUSÃO ANCESTRAL*

Gratidão aos queridos pais, avós e ancestrais por terem tecido o meu caminho. Gratidão pela imensidão dos seus sonhos, que, de alguma forma, representam hoje a minha realidade.

A partir deste ponto e com muito amor, incluo medos, tristezas e raivas que ocorreram nas gerações passadas, às partidas prematuras, aos nomes não ditos, aos destinos trágicos. Incluo todos os excluídos. Todos fazem parte. Dou um lugar especial a cada um de vocês no meu coração!

Dou luz ao não dito e aos segredos de família. Dou luz às histórias de violência, agressão, abusos e ruptura entre casais, pais e filhos, irmãos.

Dou luz a todas as memórias de limitação, fome, miséria e pobreza, a todas as crenças desestruturastes e negativas que permearam o nosso sistema familiar.

Dou luz à flecha que cortou caminhos e tornou a trilha mais fácil para nós. Dou luz às histórias repetidas várias vezes.

Aqui e agora, semeio e incluo uma nova consciência de esperança, alegria, união, respeito, prosperidade, equilíbrio, coragem, colaboração, força, aceitação, compaixão e amor!

Que todas as gerações passadas e futuras sejam agora, neste exato instante, cobertas com luzes que curem e restaurem o corpo, a alma e todos os relacionamentos. Que o amor, o poder e a sabedoria de cada geração alcancem e inundem a geração seguinte.

Agora posso seguir em direção à minha felicidade. Farei isso por honra a vocês e a mim, para que todas essas histórias não tenham sido em vão!

Que assim seja. E assim é!

---

* Adaptado de Oração aos Antepassados, atribuída a Bert Hellinger.

A JORNADA HEROICA CONSCIENTE

Ao aceitarmos nosso chamado, percebemos o caminho de expansão de consciência como uma verdadeira jornada heroica. E como podemos nos tornar heróis conscientes da nossa própria vida?

A Jornada do Herói é uma estrutura criada por Joseph Campbell, antropólogo, mitologista e escritor que buscou compreender a trajetória de vida das pessoas.

Campbell estudou várias culturas antigas, religiões, crenças e lendas populares pelo mundo. Ao contrário dos estudos da época, que buscavam as diferenças entre culturas, ele percebeu as semelhanças entre elas e encontrou padrões em que as histórias se encontravam, assim como Bert Hellinger. Conseguiu traçar um caminho em comum, elaborando uma síntese dos maiores mitos da humanidade. Essa estrutura possui um formato cíclico, porque pode e deve se repetir.

A Jornada do Herói nasceu com a obra *O Herói de Mil Faces*. Depois foi adaptada para 12 etapas por Christopher Vogler.

Joseph Campbell escreveu: "O herói é alguém que deu a sua vida por algo maior que ele mesmo. É uma pessoa comum que recebe um chamado para a aventura, e justamente porque o aceitou, se tornou especial".

Vamos conhecer aqui as etapas da nossa jornada heroica a partir da visão sistêmica, como um pano de fundo para facilitar nosso caminho de evolução de consciência. Perceba quais são os principais aprendizados para sua vida e em que etapa da jornada você está atualmente.

1. A VIDA COMUM: SUA ZONA DE ESTAGNAÇÃO

Este é o ponto de partida da nossa jornada. É a nossa vida comum, em que estamos na zona de estagnação, deixando que a vida aconteça sem tomar posse dela. Isso pode ser agradável ou podemos nos acostumar com o pequeno desconforto que existe ali.

Quando deixamos a vida nos levar, atendemos às expectativas das outras pessoas ou somos conduzidos pelos fatores externos e acontecimentos; nos esquecemos de quem somos e não utilizamos o nosso potencial.

Nossas ações geralmente são pautadas pelo medo, evitamos algo e não agimos. Quando permanecemos muito tempo aqui, o ato de evitar as coisas pode se tornar um estilo de vida.

Às vezes a vida comum pode ser boa ou ruim, causar sofrimento e aprisionar o herói numa série de situações que se repetem. Percebemos os ciclos de padrões antigos e repetitivos, a prisão em que nos colocamos. Quem não se lembra da Alice, garotinha questionadora e vivendo uma vida um tanto sem graça?

Nem sempre o herói está descontente nesta etapa. Na verdade, às vezes ele não percebe suas limitações ou está satisfeito com elas. Aqui é uma área morna, a famosa zona de conforto. A zona de estagnação é um lugar onde quem deseja crescer, evoluir, aprender e se desenvolver não deveria permanecer por muito tempo, pois é uma área de estagnação. Ela é a pior vilã na concretização de nossas metas, objetivos e sonhos.

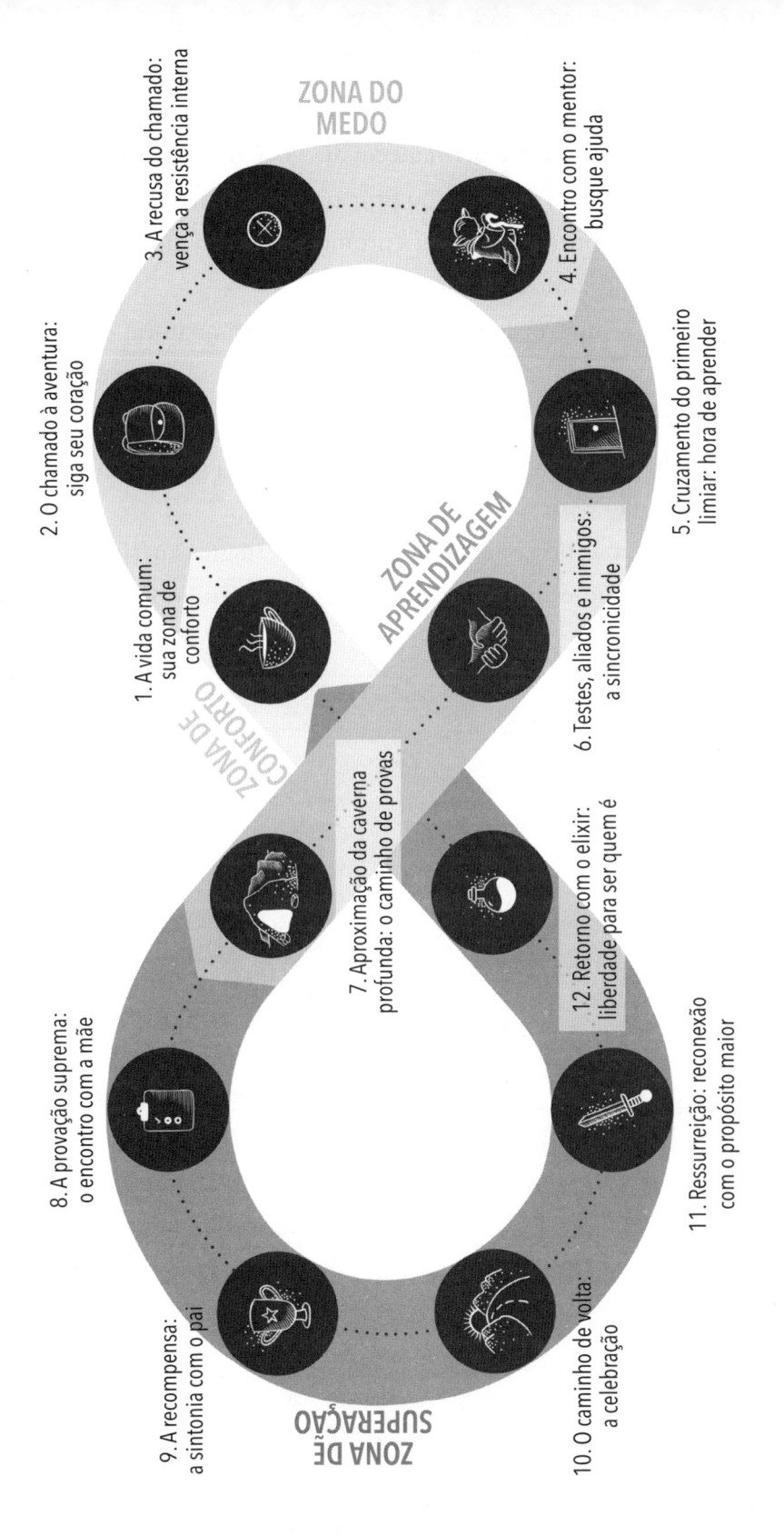

Jornada Heroica Consciente

ZONA DO MEDO

ZONA DE APRENDIZAGEM

ZONA DE CONFORTO

ZONA DE SUPERAÇÃO

1. A vida comum: sua zona de conforto
2. O chamado à aventura: siga seu coração
3. A recusa do chamado: vença a resistência interna
4. Encontro com o mentor: busque ajuda
5. Cruzamento do primeiro limiar: hora de aprender
6. Testes, aliados e inimigos: a sincronicidade
7. Aproximação da caverna profunda: o caminho de provas
8. A provação suprema: o encontro com a mãe
9. A recompensa: a sintonia com o pai
10. O caminho de volta: a celebração
11. Ressurreição: reconexão com o propósito maior
12. Retorno com o elixir: liberdade para ser quem é

Sabe o que vai acontecer se permanecer aí? Você provavelmente pagará um preço por isso. Quanto mais tempo ficar preso ao que é familiar e seguro, menos energia e motivação terá para promover as mudanças necessárias. E a roda da vida vai parando de girar.

E por que isso acontece? Porque temos a tendência natural em fazer o mínimo esforço. Às vezes, preferimos o conhecido ao desconhecido. Quando você está vivendo fora dos limites conhecidos de suas habilidades, tanto nos relacionamentos quanto na vida profissional ou pessoal, sente medo porque a situação não é previsível.

Se deseja prosperar, precisa ir além da zona de estagnação, rumo ao desconhecido. Se você não estiver disposto a dar um mergulho fora dela, seus sonhos não se realizarão.

> "Aventure-se fora de sua zona de conforto. As recompensas valem a pena."
> Rapunzel

FÁBULA: O SAPO E A ÁGUA QUENTE

"Vários estudos biológicos demonstram que um sapo colocado num recipiente com a mesma água de sua lagoa fica estático durante todo o tempo em que aquecemos a água, mesmo que ela ferva. O sapo não reage ao gradual aumento de temperatura (mudanças de ambiente) e morre quando a água ferve, inchado e feliz.

Por outro lado, outro sapo que seja jogado nesse recipiente com a água já fervendo salta imediatamente para fora. Meio chamuscado, porém vivo.

Às vezes, somos sapos fervidos, não percebemos as mudanças. Achamos que está tudo muito bom, ou que o que está mal vai passar – é só questão de tempo. Estamos prestes a morrer, mas ficamos boiando, estáveis e apáticos na água que se aquece a cada minuto. Acabamos morrendo inchadinhos e felizes, sem termos percebido as mudanças à nossa volta.

Sapos fervidos não percebem que, além de ser eficientes, têm que fazer as coisas. E, para que isso aconteça, há necessidade de um contínuo crescimento, com espaço para o diálogo, para a comunicação clara, para dividir e planejar, para uma relação adulta.

O desafio ainda maior está na humildade em atuar respeitando o pensamento do próximo. Há sapos fervidos que acreditam que o fundamental é a obediência, e não a competência: manda quem pode, e obedece quem tem juízo. E, nisso tudo, onde está a vida de verdade? Melhor sair meio chamuscado de uma situação, mas vivo e pronto para agir."

Autor desconhecido.

2. O CHAMADO À AVENTURA: SIGA SEU CORAÇÃO

Aqui já há uma sensação de descontentamento com o seu estado atual. Você se sente sem apoio ou frustrado com a vida ou com as pessoas ao seu redor. Deseja mudar e resgatar o seu poder pessoal, tomar sua vida em suas próprias mãos e assumir a responsabilidade por isso.

De repente, a vida comum do herói é invadida por algo novo. Este acontecimento o faz sair da zona de estagnação e não é mais possível permanecer ali. Isso pode acontecer de várias formas, em diversas situações, como perda de trabalho, falecimento de uma pessoa querida, ou simplesmente uma ideia que não sai da cabeça. Também pode estar relacionado a coisas importantes, como a manutenção da sua própria segurança ou da sua família, a preservação da comunidade em que vive, ou qualquer outra coisa que queira muito conquistar ou manter.

Aqui está o chamado para iniciar seu caminho nesta aventura. Você não quer mais depender dos outros ou de eventos externos para a sua felicidade. Aqui você acessa o seu fogo interno, sua vontade genuína, uma intensa energia de explosão. Manifesta-se com a coragem de seguir para a vida, sua motivação para crescer, gerando muitas possibilidades para si e para os outros.

Para Alice, o chamado foi dado pelo coelho apressado, despertando sua curiosidade.

> "Siga a sua alegria, e o mundo abrirá portas para você onde antes só havia paredes."
> Joseph Campbell

3. A RECUSA AO CHAMADO: VENCENDO A RESISTÊNCIA INTERNA

Essa fase pode acontecer ou não. Na maioria dos casos, é o início da zona do medo e você se sente inseguro diante da possibilidade de aventurar-se.

Você é capaz de ver a vida sob uma nova luz, experimenta uma sensação de felicidade, euforia e liberdade, mas também há uma dor. Tudo desmoronou e você deve estar no escuro para entender a luz. Olha em volta e fica perplexo com o estado do mundo. Há pobreza, ganância; o cuidado com o meio ambiente foi deixado de lado. Sente-se deprimido e se pergunta como tudo aconteceu. Tem o desejo de ficar sozinho, de estar com a natureza. As pessoas ao seu redor não conseguem entender, acham que é uma fase. De repente, não há satisfação em sua vida. Você se sente perdido e começa a questionar: *quem sou eu?*

É um momento de encontro com seus medos e conflitos internos. De repente, você é confrontado com todos os tipos de emoções que cercam seu passado e com a maneira como escolheu viver a sua vida. Você começa a questionar e desafiar tudo.

Deixar o status quo, mesmo que ele não seja lá grande coisa, pode despertar o medo quando se vê diante do desconhecido.

A nossa postura perante esses medos é que vai mudar as coisas. Normalmente, quando você decide enfrentar os seus medos, percebe que afinal não eram assim tão assustadores quanto pareciam. Neste momento você não pode deixar que os medos o dominem, afinal, tem seu chamado, algo que se comprometeu a realizar.

Mesmo que surja algum tipo de ansiedade para realizar a missão, você compara a segurança e o conforto do seu lar com os caminhos tortuosos que poderá encontrar à sua frente; consequentemente, prefere se manter onde está. Porém, o conflito não deixa de incomodá-lo.

Há heróis que realmente se negam a partir para a aventura. Estão fadados a se manterem prisioneiros no seu "eu criança", esperando que os outros façam por ele, inseguros, amedrontados, agarrados a certezas e se privando de se tornar alguém melhor.

> "Na caverna que você tem medo de entrar
> está o tesouro que você procura."
> Joseph Campbell

4. ENCONTRO COM O MENTOR: BUSQUE AJUDA

Diante do impasse em que você está, é necessário um empurrãozinho. É chegada a hora de encontrar seu mentor, para que enfrente o desafio que lhe foi proposto. O mentor pode ser uma pessoa mais velha ou mais experiente, alguém que represente uma sabedoria ancestral ou mágica. Essa ajuda também pode vir em forma de um amuleto, um poder, um curso, um coach, um guia ou alguém que faça com que encontre a autoconfiança necessária para resolver o seu conflito e aceitar o desafio. Um bom conselho pode ser útil neste momento da caminhada.

O arquétipo do mentor muitas vezes pode se relacionar intimamente à imagem de um dos pais. A Fada-Madrinha, em histórias como Cinderela, pode ser interpretada como o espírito protetor da mãe morta da menina. Merlin é um pai de criação para o jovem rei Arthur, cujo pai morreu. Muitos buscam mentores porque seus próprios pais não desempenham papéis que possam servir como referência. Reflita, qual figura sábia pode te guiar com uma contribuição valiosa?

Você está no ponto de dar um salto para o desconhecido. As coisas ao seu redor começam a cair. Suas crenças, o modo como viveu sua vida começam a não lhe fazer sentido. Há uma sensação de prisão e perplexidade. O chão em que está andando de repente parece instável; se continuar, ele vai implodir. Nesse estágio, muitas pessoas voltam a dormir, mas as que seguem iniciam um processo de transformação.

A mentora de Alice, a Lagarta Absolem, mostra-lhe o desafio que ela deve cumprir, sendo para a garota a que tudo sabe, guardiã absoluta do Oráculo, um documento antigo que revela todos os importantes eventos do passado, do presente e do futuro da história do Mundo Subterrâneo.

5. CRUZAMENTO DO PRIMEIRO LIMIAR: HORA DE APRENDER

Agora você está pronto para cruzar o limite entre o mundo que conhece e com o qual está acostumado e um novo, que não precisa ser um local físico, de fato, e sim algo desconhecido. Pode ser, por exemplo, a descoberta de um segredo ou de seus talentos ou novas habilidades.

O mundo novo abre as portas para a zona de aprendizagem, revela que é possível escolher atividades que o desafiam, para aprender, crescer e evoluir. Aqui você pode expandir a sua visão de mundo, abrir-se para novas ideias e possibilidades.

É o lugar onde a aventura começa, um mundo de novas regras e pessoas a conhecer. É um longo caminho a trilhar. Às vezes há um guardião, que o introduz nesse novo lugar, às vezes, você descobre por si próprio.

Nesta etapa, há a percepção da matéria e a concretização das ideias trocadas anteriormente. Envolve o trabalho, a carreira e a autoestima. Aqui você precisa cuidar do corpo físico e das coisas materiais; deve se organizar, planejar e concretizar suas ideias e seus projetos.

O desafio está na negação da matéria, que se manifesta na falta de cuidado com o corpo, com a casa, e na desorganização, reflexo da falta de identidade do herói com a realidade material.

Aqui Alice decide entrar definitivamente na aventura para salvar o seu amigo Chapeleiro Maluco, capturado pelos capangas da Rainha Vermelha.

6. TESTES, ALIADOS E INIMIGOS: A SINCRONICIDADE

Este é o período de reclusão. O herói entende melhor como esse mundo novo funciona, acostuma-se com as regras do jogo, nem que seja para subvertê-las logo em seguida. É um tempo de descobertas, aprendizados, de assimilação, observação e reflexão.

Aqui, a consciência é a construção de parcerias. Você enxerga no outro a sua própria imagem, tratando o próximo como a si mesmo, com respeito, consideração e confiança. Ao mesmo tempo, vê o inimigo à sua frente como seu próprio reflexo.

Você se depara com as feridas emocionais da sua criança interior, vagando entre a reatividade e assertividade. Pode enfrentar o amor cego quando entrega sua vida totalmente ao outro, ou esbarrar na falta de confiança ao não se dar completamente, com medo de ser traído, por exemplo.

Quando consegue transpor estes obstáculos internos, sua comunicação se torna mais clara e equilibrada. Passa a se posicionar e se expressar de forma assertiva, dinâmica, leve e com equilíbrio entre seu "eu criança" e o seu "eu adulto".

Diversos desafios menores, contratempos e obstáculos vão testando suas habilidades e deixando-o mais preparado para as maiores provações que ainda estão por vir. Assim como surgem inimigos, também há aliados que lhe dão a mão quando você mais precisa. Pode ser até um auxílio sobrenatural, pois nada acontece por acaso. Jung chama esses acontecimentos de "sincronicidades". Para ele, a ligação entre os acontecimentos, em determinadas circunstâncias, pode ser de natureza diferente da ligação causal e exige um outro princípio de explicação.

Nessas situações de provação você descobre que há um poder benigno que o sustenta. Quais aliados têm aparecido em sua jornada, sem os quais você não conseguiria passar pelos "testes da vida"?

A Alice passa por provações, encontra aliados e inimigos no castelo da Rainha Vermelha.

7. APROXIMAÇÃO DA CAVERNA PROFUNDA: O CAMINHO DE PROVAS

Aqui o herói faz uma espécie de pausa, se recolhe em um esconderijo interior e retorna aos seus questionamentos iniciais e ao enfrentamento dos medos que o impediam de iniciar sua jornada. Mesmo que não haja conflito interior, essa pausa é necessária para se preparar para a magnitude do desafio que está por vir.

São o caminho das pedras, os aprendizados e o longo processo de formação. Envolvem tarefas que precisam ser executadas, algumas envolvendo perigos e barreiras, todas relacionadas a habilidades a serem aprendidas. Antes de ser o máximo, o herói desse mundo mágico precisa se provar e essa fase exige persistência.

Você começa a olhar para dentro e percebe que, modificando a si mesmo, mudará o seu entorno. Sente uma maior sensação de conexão com o mundo. Foca a sua atenção no autoconhecimento. Pode até dar início ao estudos ou pesquisar a espiritualidade ou até assuntos metafísicos. Você lentamente altera a sua percepção do mundo e compreende o propósito da sua existência.

Percebe as infinitas possibilidades que estão ao seu alcance, que o motivam a ir além, com disposição para começar uma nova etapa da caminhada, ampliada em direção ao servir. O aprendizado acontece nas ações para os outros. Desenvolve a autoconfiança de si e de seus ideais, ousa ir além e cria projetos e percebe sua influência, por meio do exemplo e da simplicidade, nas ações dos outros.

O desafio aqui é a confusão gerada pela concentração de energia mental que pode levá-lo a não saber aonde ir, podendo até se sentir injustiçado pela vida e levá-lo a rebeldia e compensações.

Pode não conseguir focar e se tornar excessivamente rigoroso e preocupado em ser exemplo, tornando-se escravo dos seus ideais. A seriedade excessiva rompe o fluxo de energia, por isso esse passo é o aprendizado da leveza e da direção a seguir.

8. A PROVAÇÃO SUPREMA: O ENCONTRO COM A MÃE

A provação é uma espécie de morte pela qual o herói precisa passar para cumprir o seu destino. Para isso, ele passará por um teste de extrema dificuldade, enfrentará seu maior inimigo ou seu conflito interior desafiador.

Seja qual for sua provação, para que seja capaz de enfrentá-la, você precisará reunir todos os conhecimentos e experiências adquiridos durante a sua jornada até o momento. Ela terá um significado profundo de transformação e, por isso, é comparada com a morte e ressurreição para uma nova vida.

Essa nova consciência permite que você se sinta uno com o universo. Você começa a entender seu propósito que é colocar o seu ser a serviço das pessoas. Afasta-se do tangível e, em vez disso, percebe o maior poder da energia e intenção. Você vê que tudo o que precisa fazer para começar a trilhar o caminho do seu propósito superior é ser verdadeiro e autêntico. Compreende que veio a esta terra para compartilhar.

Aqui você entra na zona de superação, território dos grandes desafios. Encontra a coragem para ultrapassar seus limites, experimentar, agir e transformar suas metas e objetivos em realizações.

Após a provação suprema, você se depara com sua mãe ou sua energia feminina. O que isso significa? A mulher simboliza a vida. A energia feminina pode conceder a você uma trégua ao seu sofrimento, um momento de descanso, de reflexão profunda ou o reequilíbrio das suas forças. É a integração com seu lado feminino em equilíbrio, trazendo nutrição e acolhimento.

Também pode representar um perigo, uma tentação que pretende desviar você de seu caminho. Tudo depende da sua história e de sua relação com o lado feminino e as mulheres na sua vida.

Em Alice, a provação é a luta contra o dragão. Após vencer a batalha, ela recebe o reconhecimento e a gratidão da Rainha Branca e se fortalece.

9. A RECOMPENSA: A SINTONIA COM O PAI

Depois que o nosso herói já passou por diversos desafios, como derrotar o inimigo e sobreviver à morte, ele merece uma recompensa, você não acha?

Essa recompensa simboliza a sua transformação em uma pessoa mais forte e pode ser representada por um objeto de grande valor, um amuleto, a reconciliação com alguém importante, um novo conhecimento ou habilidade, um tesouro ou o que mais sua imaginação permitir.

Você começa a realmente sentir a interconexão entre todas as coisas. Vê que não estamos no Universo, mas somos parte dele. Sua consciência se expande e você vê o mundo em um nível mais profundo e conectado. Sua intuição e seus dons psíquicos se expandem e você vê que somos todos semelhantes e iguais. Sua vida começa a mostrar sinais de sincronicidade. Percebe que seus pensamentos, emoções e sentimentos moldam sua realidade. Seu estilo de vida lentamente muda e transforma para apoiar todo esse fenômeno.

A sintonia com o pai ou com a energia masculina pode acontecer de forma amistosa ou conflituosa. A questão central aqui é acertar as contas com essa figura masculina, seja para lutar com ele e derrotá-lo, seja para reconciliar-se e se dar conta de que, na verdade, eles não são diferentes entre si.

É a integração com seu lado masculino em equilíbrio, trazendo-lhe força e confiança.

Metaforicamente, essa conquista é representada pela força para arrancar a espada da vitória enterrada em uma pedra. Nessa etapa, você precisa recorrer à ajuda mágica que recebeu lá no início da sua caminhada. Pode ser um conselho, um amuleto ou um novo poder. Ao final desse momento, você adquire novo aprendizado essencial.

Mas vale lembrar: você não deve demorar muito em suas comemorações, pois sua jornada ainda não chegou ao fim. Você ainda precisa voltar para o ponto de onde veio como um vitorioso.

10. O CAMINHO DE VOLTA: A CELEBRAÇÃO

O caminho de volta para casa não oferece tantos perigos, mas, sim, um momento de reflexão, em que o nosso herói poderá ser exposto à necessidade de uma escolha entre a realização de um objetivo pessoal ou um bem coletivo maior. É o último momento em que lhe é permitido olhar para trás.

Conforme você segue o seu caminho, percebe que está cocriando com o divino. Compreende que, quando você se entrega, as coisas são melhores, maiores e têm mais fluxo. Inicia seu trabalho conectado à energia da fonte e entende que sempre será guiado. Pode até mesmo começar a se conectar com seus guias e mentores espirituais ou seu "eu superior". Sua intuição e dons psíquicos podem se desenvolver e se tornarem ainda mais fortes.

Seu desafio é superar as sombras ancestrais que refletem na comunidade, impedindo-o de servir, fazendo-o preferir se excluir dos grupos ou ficar preso aos tormentos do passado que o isolam, para evitar revivê-los numa nova oportunidade em família ou comunidade.

De qualquer modo, a sensação de perigo iminente é substituída pelo sentimento de missão cumprida, absolvição, perdão ou aceitação. É o momento em que você recebe o devido reconhecimento. Pode ser de muitos ou de apenas uma pessoa.

Às vezes só você será capaz de reconhecer a magnitude de sua façanha. Mesmo assim, procure celebrar todas as suas transformações. Pode ser por uma festa, um jantar, uma comemoração, um presente. É o momento de curtir suas conquistas e recarregar as energias depois de várias batalhas.

Você se reconecta à sua ancestralidade e aprende que essa integração fará com que você se relacione de maneira mais eficaz com os outros. Quando mantém essa relação consciente e valoriza sua história, a família em que nasceu e a que construiu, consegue fluir em todas as suas relações.

Aqui Alice recebe sua recompensa, seu elixir, o sangue de Jaguadarte, entregue pela Rainha Branca.

11. RESSURREIÇÃO: RECONEXÃO COM O PROPÓSITO MAIOR

Sabe aquela última batalha em que o inimigo ressurge quando mais ninguém esperava por isso, nem mesmo o nosso herói? Esse desafio é algo que vai muito além da sua vida, representando perigo para as pessoas à sua volta, sua comunidade, família, enfim, seu mundo comum. Se você perder, todos sofrem.

Você se reconecta de forma discreta, porém forte e presente com seu propósito maior. Sabe que não se trata apenas de si, mas também da humanidade. Você decide aqui colocar o seu ser em ação, a serviço das pessoas e do mundo.

O desafio aqui consiste em não entrar na prepotência, soberba, excesso de autoconfiança ou ego espiritual, que podem te levar a tirania, crítica, julgamento, resultando em solidão. Inicialmente, pode gerar insegurança e sentimento de culpa, como se não fosse merecedor de receber a abundância divina. Mesmo assim, você assume o seu papel e escolhe manter-se conectado ao seu propósito.

Você destrói seu inimigo definitivamente, seus fantasmas internos; assim, não consegue mais se ver naquela antiga vida e renasce, transformado para o bem de todos, incluindo o seu.

12. RETORNO COM O ELIXIR: LIBERDADE PARA SER QUEM É

Após o retorno, há o desfecho dessa aventura e o instante do reconhecimento efetivo do nosso herói. É o momento da transcendência, da dissolução dos egos, do desapego. O herói passa a servir de maneira genuína.

Seu desafio pode ser a vaidade do seu propósito: você pensa que evolui, porém não sai do lugar. A dissolução do ego não é o seu enfraquecimento, mas, sim, sua integração para ampliação da sua consciência, conectada a uma consciência maior.

Você se torna senhor de dois mundos, encerra esse ciclo e segue para o mundo comum, transformado. Externamente, pode até continuar igual, mas por dentro você sabe que amadureceu e isso faz toda a diferença.

O retorno ao seu lugar de origem simboliza o seu sucesso, conquistas e transformações. Aqui o elixir torna-se seu superpoder, que pode se manifestar em amor, liberdade ou sabedoria.

Ao trabalhar ao lado do divino, você, o herói dessa jornada e da sua vida, começa a alinhar sua energia com a do amor incondicional. Compreende que você irradia e é o amor. Percebe que esta vida é temporária e ela deve ser uma experiência para ser vivida e desfrutada em sua plenitude e grandiosidade. Entende que todo o processo de despertar consiste em tornar sua vida e a das outras pessoas mais leve, feliz e com significado.

Para Alice, o elixir torna-se a maturidade e a determinação para saber quem é e o que quer.

A jornada heroica sistêmica é um processo de amadurecimento e de evolução constante. Este caminho não é linear, e sim uma espiral de evolução de consciência infinita.

E como fazemos para mudar para o próximo nível e continuar nossa jornada de evolução? Expandindo a nossa consciência por meio do autoconhecimento, que faz parte da nossa jornada de vida.

EXERCÍCIO: JORNADA HEROICA CONSCIENTE

Responda às perguntas a seguir para trazer consciência sobre sua jornada heroica:

- Em que etapa da jornada heroica estou?
- Qual é o meu chamado? O que faz o meu coração vibrar?
- Qual é o meu maior medo? Qual foi o principal erro ou crise que já enfrentei, que gerou uma grande mudança? O que eu aprendi? Quem eu me tornei depois disso?
- Quem ou o que pode me apoiar nesta jornada?
- Quem é herói para mim? Quais são os valores dessa pessoa? Como posso usá-los para minha jornada?
- O que é importante para que eu possa cruzar o limiar e iniciar minha jornada?
- Qual é o primeiro passo que dá para fazer hoje para iniciar meu processo de transformação?
- Quem pode ser meu aliado? Quem posso buscar para unir as forças comigo neste momento?
- Como posso transformar minha dor em minha maior força? Como isso pode me impulsionar a superar meus medos, problemas ou desafios?

- Reconheço minhas fraquezas e vulnerabilidades? Quem sou eu neste momento?
- O que preciso liberar e deixar ir sobre meu passado, em que ainda estou apegado? Qual é a página que precisa ser virada?
- Se eu partisse desta vida hoje, o que eu me arrependeria de não ter feito?
- Que recompensas poderei obter ao seguir nesta jornada?
- Do que mais me orgulho de ter feito? Como esse aprendizado pode me ajudar nesta jornada?
- Como posso silenciar minha mente para ouvir a voz da minha intuição?
- Que ideia ainda não consegui colocar em prática? O que falta para conseguir colocá-las em ação?
- Qual elixir quero colocar a serviço do mundo?
- Que legado quero deixar para o mundo? Que mundo quero ajudar a construir?

SETE NÍVEIS DE CONSCIÊNCIA HUMANA

A jornada heroica é o jogo infinito da nossa vida. Assim que concluímos todas as etapas dela, passamos para o próximo nível de evolução e iniciamos uma nova jornada. Quais são níveis da consciência humana? Conhecê-los nos ajuda a expandir e a construir nosso caminho de evolução.

Entre os pioneiros a estudar a consciência está Sigmund Freud, da qual descreveu três níveis: a mente consciente, a pré-consciente (onde estão o inconsciente pessoal: instintos e traumas pessoais reprimidos) e a mente inconsciente (na qual está o inconsciente coletivo). A partir dessa estrutura, Freud definiu os elementos da psique humana.

A consciência é diretamente ligada ao que aprendemos, à educação que recebemos e às experiência e aos valores familiares que adquirimos. Assim, está relacionada aos nossos pensamentos, sentimentos e comportamentos, atuando de forma consciente em nós e a favor dos vínculos que criamos.

Para Jung, o inconsciente pessoal é o reservatório de todo material que já foi consciente, porém foi esquecido ou reprimido. Tudo aquilo que o ego não suporta é transferido da consciência para o inconsciente pessoal. Este nível da psique é comparado a um receptor, pois tem a função de receber todas as atividades psicológicas e todos aqueles conteúdos que

Mente consciente

Pensamentos
Comportamentos
Sensações

Mente pré-consciente
(Inconsciente
individual)

Percepções
Memórias
Conhecimentos
Traumas pessoais

Mente inconsciente
(Inconsciente
coletivo)

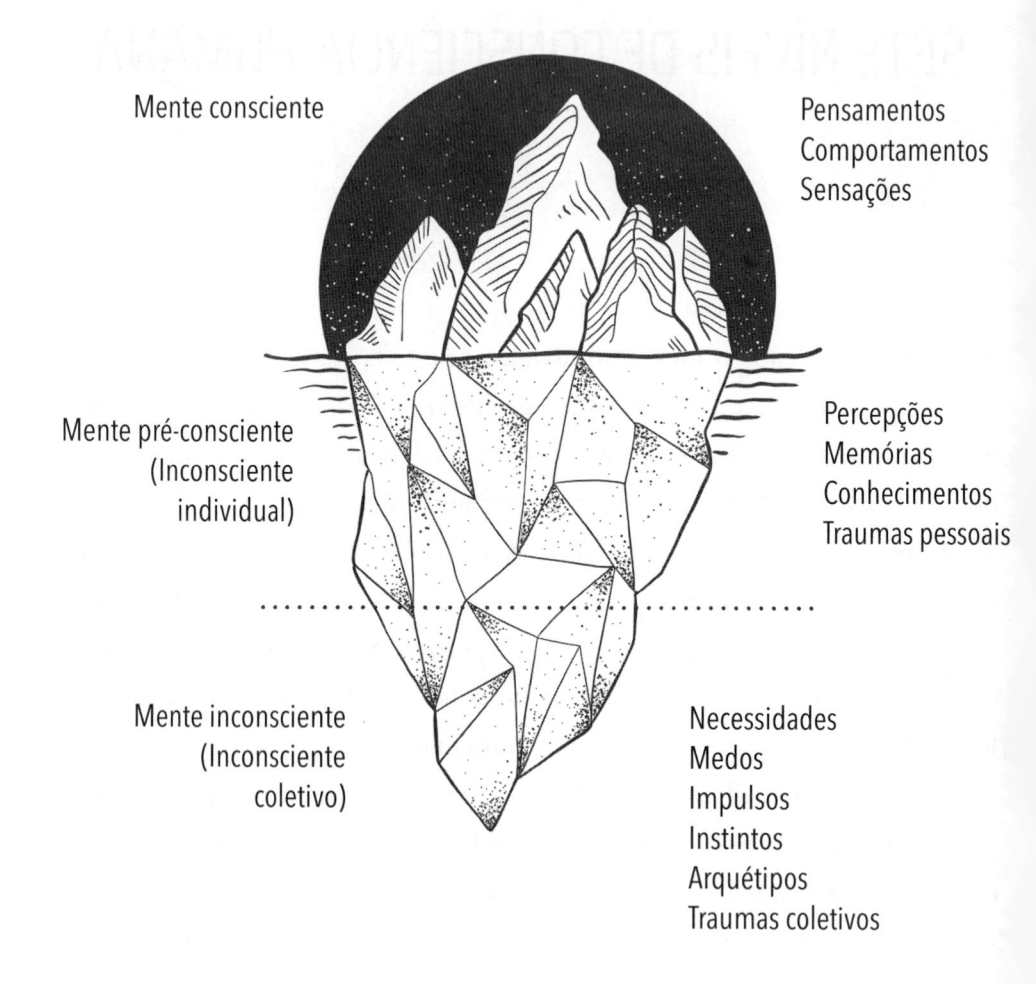

Necessidades
Medos
Impulsos
Instintos
Arquétipos
Traumas coletivos

Consciente e inconsciente

não conseguem se harmonizar com o processo de individuação e com o consciente. O inconsciente pessoal na concepção da psicologia junguiana desempenha um papel de fundamental importância na produção dos sonhos.

Já o inconsciente coletivo consiste em toda herança espiritual de evolução da humanidade, nascida novamente na estrutura cerebral de cada ser humano. Neste nível profundo da nossa psique, podemos dizer que somos todos iguais, e não entidades separadas, pois todos somos um. Nele estão presentes todas as histórias e experiências humanas.

Segundo Jung, o inconsciente coletivo nos remete a um reservatório de imagens latentes, nomeadas como arquétipos, modelos que temos registrado na nossa memória. O termo arquétipo é derivado do grego *arché*, que significa principal ou princípio, e de *tipós*, que tem o sentido de impressão. Ou seja, primeira impressão ou imagens primordiais registradas na nossa memória.

É uma imagem primitiva construída no passado, que ainda permanece presente no inconsciente coletivo, desde o princípio da existência, que ajuda a explicar histórias vividas por outras gerações. Ou seja, atuam como fonte primordial para o amadurecimento da mente.

Podemos considerar o exemplo do medo que temos de certos animais ou do escuro. Segundo Jung, determinados medos são frutos de experiências vivenciadas pelos nossos antepassados herdados por nós, pois ficaram gravados em nossa psique. Podemos então afirmar que os conteúdos do inconsciente coletivo influenciam nosso comportamento pessoal, que carregamos desde o nascimento, como meio de garantir a nossa sobrevivência.

As mulheres, por exemplo, não precisam aprender a ser mães, pois isso é inato e está presente no inconsciente coletivo. Porém, os traumas, as experiências negativas se tornam bloqueio a essa manifestação arquetípica.

Posteriormente, baseado na teoria da hierarquia das necessidades do psicólogo americano Abraham Maslow, o escritor britânico Richard Barrett desenvolveu o modelo dos Sete Níveis de Consciência.

Barrett relaciona os níveis de consciência e as necessidades humanas. Assim, enquanto não forem superadas as primeiras necessidades, a pessoa não evolui para os níveis acima. Por exemplo, buscar sucesso profissional e evolução pessoal pode não ser possível se não houve evolução espiritual.

A partir desses fundamentos, apresento aqui os sete níveis de consciência humana considerando a visão holística e sistêmica, como um guia de desenvolvimento que experimentamos no decorrer de nossas vidas. Cada nível representa um grau de maturidade, que encontramos progressivamente, desde o nascimento até a morte. Essa jornada de evolução não é linear e é diferente para cada ser humano, pois depende muito das nossas experiências.

Sete níveis de consciência humana
Nível 7 - Consciência de sustentabilidade
Nível 6 - Consciência de integridade
Nível 5 - Consciência de propósito
Nível 4 - Consciência de transformação
Nível 3 - Consciência de poder pessoal
Nível 2 - Consciência de relacionamento
Nível 1 - Consciência de sobrevivência

Esses níveis de consciência estão divididos em três atos: foco no interesse próprio, foco na transformação e foco no bem comum.

1º ATO: FOCO NO INTERESSE PRÓPRIO

Na primeira parte da vida aprendemos a lidar com nossos medos conscientes e subconscientes, para iniciar o processo de evolução da consciência do ego para a alma. É o processo de domínio pessoal.

Aqui se localizam as massas. A maioria das pessoas está nível de adormecimento, de contração de consciência, vivendo em um nível repetitivo, de confusão mental, no piloto automático, fazendo as mesmas coisas todos dias. As pessoas que permanecem nesse nível reagem por meio dos instintos às situações, como necessidade comida, segurança, proteção, sexo etc. e seguem o efeito manada.

Tal efeito descreve situações em que indivíduos em grupo reagem da mesma forma, é o comportamento de seguir as multidões. As pessoas passam a se comportar de acordo com a maioria, sem nenhuma análise racional.

Outra característica consiste em alguém gostar de pensar como a maioria, ora sob influência da grande mídia, ora por meio de crenças limitantes e traumas adquiridos na infância ou adolescência.

Nível 1 – Consciência de sobrevivência

A principal busca neste nível de consciência está relacionada a questões de sobrevivência, de segurança pessoal, material e autopreservação, entre elas: obtenção de recursos como dinheiro e alimentos, a busca de um lugar onde se possa estar abrigado e se sentir seguro, garantindo sua integridade física.

Ele nos acompanha desde que nascemos e está conectado aos nossos instintos. Enquanto bebês, a única consciência que temos é do suprimento das necessidades fisiológicas. Nela, o bebê não está ciente da separação com a mãe, seu modelo de existência é ele mesmo. Não existe dentro ou fora. Existe apenas o ser.

Por toda a vida, carregamos esse nível de consciência, bastante egocêntrico e quase animal, colocando como prioridade as nossas necessidades básicas de alimento, água, dinheiro e o que é importante para a sobrevivência.

Este nível está associado a certeza e conforto, à nossa capacidade de evitar a dor e buscar o prazer. A necessidade aqui é de estabilidade, segurança, tranquilidade etc. Existem meios neutros, positivos e negativos para satisfazê-la.

Muitas pessoas vivem com o "modo sobrevivência" ativado durante toda a vida, lutando para ter o suficiente para comer e suprir suas necessidades básicas. Algumas não têm recursos mentais e espirituais para enxergar uma nova situação que não seja a de sobrevivência.

Vinculados ao medo, nos fixamos em nossa criança ferida, acessamos as crenças de escassez, de que não existem recursos suficientes para atender às nossas necessidades físicas de sobrevivência.

Além disso, a criança se coloca na postura de esperar que outras pessoas ajam por ela e que supram suas necessidades. Sente-se vulnerável, não consegue lidar com sua própria raiva, ressentimento ou frustração. Não assume seu poder pessoal e vive como se fosse refém das circunstâncias da vida. Fica à mercê de forças externas.

Isso gera uma grande insegurança em relação a sustentar a si e a família, ou seja, existe uma dificuldade excessiva com relação às questões materiais. A vida profissional e financeira tenderá a não se desenvolver de forma satisfatória. Poderá apresentar dificuldade para conseguir trabalho ou para se manter nele. Tenderá evitar ou desanimar-se facilmente diante de problemas e obstáculos referentes a estas questões.

Também pode apresentar dificuldades com relação a objetividade, foco, praticidade e concretização. Faltam força interior e determinação para conseguir superar as dificuldades e atingir os seus objetivos.

Possivelmente desenvolverá fraco vínculo com a vida, falta de vontade de viver, cansaço constante, fraqueza, preguiça e tendência à procrastinação.

Outras características que podem surgir: inquietação, hiperatividade, impaciência, irritabilidade, tensão mental, tensão física, nervosismo, apego e possessividade excessiva com relação às questões materiais.

Algumas vezes, se a personalidade ainda não desenvolveu o aprendizado de outras questões espirituais, a pessoa usará a grande força interior unida a violência, ganância, agressividade para atingir os seus objetivos. Poderá passar por cima dos outros para obter algum proveito material.

Neste nível de consciência há um desequilíbrio no instinto de autopreservação. Em excesso, gera a sensação de que o mundo é um lugar ameaçador e a vida está permanentemente em perigo. Em falta, a pessoa se coloca em situações de risco, acredita que não sabe cuidar de si, não dá importância às questões de sobrevivência, assumindo até um comportamento autodestrutivo ou negligente, esperando que o outro a cuide, como uma criança.

Todas as memórias ancestrais, conscientes ou inconscientes, de escassez de recursos, como pessoas que passaram fome, viveram em guerra ou tiveram muita privação em suas vidas, ficam registradas neste nível.

Para deixar de ser uma vítima, é preciso repensar sua forma de viver e assumir a responsabilidade pela sua própria vida, por seus pensamentos, sentimentos e ações.

Quando estamos em equilíbrio e conectados ao amor, passamos a acessar nossa criança feliz, que tem suas necessidades emocionais atendidas, o que a faz se sentir nutrida e amada. Isso a permite se curar quando alguém a machuca e ter a consciência do que é necessário para manter o equilíbrio e a harmonia, sem mais esperar que o outro o faça, assumindo a responsabilidade de cuidar de si mesma.

Possui força de vontade, resistência e perseverança para enfrentar as dificuldades. Desenvolve o impulso para ação, bem como ambição e garra para atingir seus objetivos. Estimula a sua própria capacidade de se realizar no plano físico. Conecta-se consigo mesma com abundância interna e externa.

Você desenvolve a autoconfiança, nas pessoas e no universo, em alguma área específica, com coragem, criatividade e inteligência. Toma consciência de que possui dentro de si todos os mecanismos necessários para gerar os recursos materiais para garantir a sua sobrevivência.

E assim passamos pelo primeiro nível da nossa jornada de evolução da consciência. É o momento em que começamos a nos separar dos nossos instintos animais e reativos, para passarmos a nos tornar pessoas mais conscientes, seguras e equilibradas. Para que isso aconteça, precisamos fortalecer nossas raízes e nossa conexão com a energia da Terra.

Questões para o desenvolvimento desse nível de consciência:

- Como vejo a estrutura e os recursos que sustentam minha vida?
- Como me relaciono com as questões materiais? Sinto que tenho aquilo de que preciso ou sempre algo me falta?
- Que medos tenho em relação à falta de recursos? Como posso cuidar deles?
- Reconheço tudo o que recebi de meus pais e antepassados?
- Que crenças de sobrevivência herdei? E de que forma elas me influenciam?
- Que questões preciso resolver no meu sistema familiar que me impedem de prosperar?
- Que características positivas da família ou tribo eu quero desenvolver em mim?
- Consigo tomar uma decisão e manter meu posicionamento?
- Cuido do meu corpo e da minha alimentação? Tenho desafios em relação à minha saúde física? Sinto-me confortável no meu próprio corpo?
- Eu me sinto em conexão com a natureza e com a Mãe Terra?

Falas sistêmicas para transformação:

"Eu libero agora e deixo ir todos os medos relacionados à falta de segurança e de recursos, assim como padrões de escassez e fome no meu sistema familiar. A partir desta história posso ir para uma vida mais próspera. Me conecto às minhas raízes, sinto os pés bem firmes no chão. Recebo a vida que vem dos meus pais e ancestrais e agradeço por ela, passando-a adiante com alegria. Entro em conexão e em unidade com a Mãe Terra. Eu nutro minha mente, corpo e espírito. Agora sei que tenho ou posso buscar todos os recursos de que preciso para manifestar uma vida abundante e próspera!"

Nível 2 – Consciência de relacionamento

A principal busca aqui é por pertencimento, relacionamento e amor. Está relacionado à nossa capacidade de sentir a vida a partir dos cinco sentidos: a visão, o tato, o paladar, o olfato e a audição. O prazer que a admiração do belo proporciona aos nossos olhos, a música aos ouvidos, o sabor da comida, o paladar, o aroma ao nariz e o toque ao corpo. É a capacidade de desfrutar plenamente de todos esses prazeres que o corpo físico e o mundo nos proporcionam.

Quando passamos a entender que existe um mundo externo e que podemos nos conectar com outras pessoas, entramos no nível de consciência dos relacionamentos.

Aprendemos quais comportamentos devemos adotar para que nos sintamos seguros e protegidos enquanto interagimos com estes seres que chamamos de pais. Também entendemos quais comportamentos não devemos adotar. É um período essencial de aprendizado e de adaptação aos relacionamentos. Nesta fase, o modelo de referência da criança é o ambiente familiar.

Evoluir nos relacionamentos e na conexão com as pessoas é construir um sentimento de pertencimento e vínculo. Quando cuidamos dos nossos relacionamentos, temos a certeza de poder contar com os demais, da mesma forma como nos sentimos impelidos a ajudar os demais em prol de um mundo mais justo.

Nossa necessidade de conexão é atendida quando compartilhamos emoções com as outras pessoas, dando e recebendo atenção dos outros. O ser humano precisa de amor para sobreviver. Somos seres sociais, incapazes de viver sozinhos.

Entre todos os prazeres físicos, o sexual é o mais intenso. Ele representa um papel importante no bem-estar do ser humano, a criatividade relacionada à perpetuação da espécie.

Este nível está relacionado ao nosso instinto sexual, que determina nossa energia vital, magnetismo e a capacidade de conexão com outro ser humano, sentindo a própria força, sua capacidade atração e cocriação. Em excesso, a pessoa tende a ser impulsiva, estourada, imprevisível e intensa, confundindo a relação íntima: em vez de a ver como caminho para o oceano, passa a vê-la como o próprio oceano. Em falta, a pessoa se percebe sem vitalidade, não se sente atrativa, se vê como pesada, murcha ou não se sente interessante ou atraente.

Todas as memórias ancestrais, conscientes ou inconscientes, de violência, agressividade, traumas de abusos físicos, sexuais ou morais, assim como relações abusivas de agressão e submissão, ficam registradas neste nível de consciência.

Vinculados ao medo, nos conectamos ao arquétipo do mártir, que renuncia à responsabilidade pelo seu bem-estar, deixa sua energia se dissipar e embora assuma maior responsabilidade por si mesmo do que na criança ferida, ele não a alcança. Seus medos estão baseados na crença de que não merece receber amor ou atenção suficientes para satisfazer suas necessidades emocionais.

Não se sente com direito à alegria, renuncia aos seus sonhos pela felicidade dos outros e o consegue mesmo assim impor àqueles por quem se sacrificou, que por dívida também devem se sacrificar por ele, gerando uma relação codependente.

Quando estamos em equilíbrio e conectados ao amor, acessamos o arquétipo do ativista. Aqui você se sente bem consigo mesmo, aproveita a vida, é capaz e criativo. Gosta do bem-estar, valoriza o material da vida, não se priva dos prazeres e preocupa-se com a saúde.

Aqui conseguimos buscar equilíbrio das trocas nos relacionando com o outro, deixando fluir a energia sexual, a criatividade, liberdade, alegria, a força de forma saudável. É saber levar as coisas em frente, com positividade.

Questões para o desenvolvimento desse nível de consciência:

- Minhas relações com as pessoas estão equilibradas no dar e receber?
- Como defino a minha criatividade? O que eu crio?
- Dirijo a minha energia criativa para situações positivas ou negativas?
- De que forma encaro a minha sexualidade? Ela é algo desafiador para mim? Honro minha verdade e as minhas fronteiras no campo da sexualidade?
- O meu corpo se movimenta com liberdade?
- Que objetivos e foco de realização coloco para a minha vida?
- Eu tenho facilidade ou dificuldade em compreender o que sinto? Algumas pessoas acham que sou emotivo ou frio demais?
- A vida é divertida para mim?
- Eu tenho facilidade ou dificuldade em saber o que quero e preciso? Se sei o que quero, tenho medo de pedir isso?

Falas sistêmicas para transformação:

"Me sinto cada vez mais inspirado, permito que a criatividade flua em todas as áreas da minha vida. Eu amo e aceito meu corpo como é. Me permito sentir a vitalidade e vivenciar o prazer, pois minha sexualidade é sagrada. Me liberto agora de todas as experiências de abuso ou desequilíbrios dos meus antepassados. Agora tenho permissão para desfrutar uma vida mais leve, saudável e prazerosa!"

Nível 3 – Consciência de poder pessoal

A principal busca está em reconhecer seu próprio valor e seu poder pessoal. Durante a infância aprendemos a como lidar com o poder. Uma evolução poderosa acontece, na esfera da tomada de decisão baseada em crenças conscientes.

Por volta dos 5 anos de idade, nosso modelo de existência dá um salto quando começamos a passar grande parte de nosso dia com outras pessoas, além da nossa família. Aprendemos como abordar e lidar com estruturas e figuras de autoridade. Começamos a entrar no nível de consciência de autoestima. Precisamos compreender qual é o nosso lugar no grupo e a nos sentirmos seguros em um ambiente mais amplo, com diferentes pessoas. Estão ativas tanto a tomada de decisão baseada em crenças inconscientes quanto aquela sustentada em crenças conscientes.

Aprendemos na escola, consciente e inconscientemente, que somos parte de uma hierarquia na qual nossos pais têm controle limitado e em que podem oferecer alguma proteção, mas precisamos desenvolver a nossa autonomia. Começamos a entender a importância do respeito e como ganhá-lo em nosso círculo social. Compreendemos que, ao sermos respeitados, nos sentimos bem e que, quando isso não ocorre, podemos sofrer e passar por eventuais abusos.

Desenvolvemos a autonomia, que permanece conosco durante grande parte de nossas vidas. Tanto o cérebro quanto a mente são marcados pela nossa maneira de interpretar o mundo. Os padrões em nossas memórias se tornam verdades para nós. Aprendemos a sobreviver, nos sentimos protegidos e ganhamos respeito dentro de um modelo de existência que é baseado em nossa vida familiar e escolar. Quando saímos da escola, nossa escala de existência se expande novamente. Entramos no mundo do trabalho ou da faculdade. Podemos deixar nossa casa pela primeira vez. Estamos realmente sozinhos. Aprendemos a abordar estruturas de reconhecimento e a lidar com elas.

Conforme navegamos por meio desses modelos mais amplos, estabelecemos rapidamente estratégias que nos permitem sobreviver, ocupar o nosso lugar, nos sentirmos seguros e sermos respeitados em um mundo maior.

Muitos acreditam que a autoestima é um aspecto emocional, mas na verdade é um efeito da racionalidade, da mente, construída e não instintiva. Na evolução dos nossos relacionamentos, a autoestima é desenvolvida.

Neste nível de consciência, há desafios, mudanças e enfrentamento do desconhecido. A necessidade de segurança nos níveis anteriores faz com que nossa vida funcione. E os desafios fazem nossa vida valer a pena. Podemos desenvolver nossa autonomia e autoestima por meio de viagens, aprender algo novo, superar desafios, criar objetivos, empreender.

Há também nosso instinto social, que determina nossa habilidade de socialização, de relação com as pessoas e a sociedade. Somos seres sociais e em função disso temos a necessidade instintiva de achar nosso papel dentro de um grupo, por isso buscamos interagir e achar nosso lugar na tribo. São a força e energia do masculino, relacionadas ao movimento, ao desbravar novos territórios e de ir para o mundo.

Em excesso, temos a necessidade de nos tornarmos importantes para o grupo, no seu meio social, ter influência na sua tribo, seja participando de uma associação, partido, grupo etc. Buscamos participar ativamente e sermos reconhecidos, para encontrarmos o nosso lugar. Em falta, manifestamos um certo egoísmo, inconveniência social, não sabemos agir adequadamente em ambientes sociais, tornando-se desafiador estar em grupo. Muitas vezes, nos sentimos deslocados ou que não pertencemos ao grupo.

Todas as memórias ancestrais, conscientes ou inconscientes, de dores coletivas relacionadas aos grupos, povos, raças, culturas, apego e abuso de poder, fama, influência política, manipulação em massa, assim como escravidão, genocídios, massacres, extermínios, ou seja, todos os emaranhados coletivos de desequilíbrio e de desigualdades sociais, estão registrados neste nível de consciência.

Vinculados ao medo, nos conectamos ao arquétipo do servo, que precisa do reconhecimento dos outros para saber quem é, pois não desenvolveu adequadamente sua autonomia e individualidade, apresentando padrões de codependência.

Aqui também estão os medos baseados na crença de que não somos bons o suficiente para satisfazer nossas necessidades emocionais de autoestima.

O servo exige amor dos menos dispostos a lhe dar. Sente que não está conseguindo o que deseja e considera os outros responsáveis por sua infelicidade. É fácil de manipular e frequentemente sofre de doenças nervosas, além de úlceras, dificuldades digestivas e enxaquecas. Como pode ser mais fácil servir aos outros do que assumir a responsabilidade pelo que deseja, o servo precisa reconhecer que não precisa sofrer e que pode simplesmente se amar e se respeitar por ser quem é, pois já tem tudo de que precisa para ser feliz.

Quando estamos em equilíbrio e conectados ao amor, acessamos o arquétipo do guerreiro. Aqui somos heróis de nossas próprias vidas. Ele representa força, autoestima, autoconfiança, valor próprio e poder pessoal. O guerreiro é assertivo, inteligente e zeloso, livre de imposições ou restrições, aceita desafios e busca fazer o bem. Acredita em si mesmo, é otimista, entusiasta e sempre se esforça para encontrar um sentido para a vida. Sua limitação espiritual é acreditar que o sucesso é o resultado de seu próprio fazer, então pensa que é o único responsável por tudo que acontece em sua vida. Portanto, ele pode passar a se sentir arrogante. Também se recupera de forma mais fácil de suas feridas, permanecendo firme em seu caminho de amor.

No nível de consciência da autoestima, trabalhamos para sermos sempre melhores e para assumir nosso poder pessoal. Admitimos nossos pontos de melhoria, olhamos para eles abertamente, sem mentir para nós mesmos, e encaramos nosso processo de evolução contínua. O foco na nossa melhoria, em acreditar em nosso potencial e despertar nosso poder pessoal, está no terceiro nível de consciência.

Questões para o desenvolvimento desse nível de consciência:

- Como olho para mim mesmo? Como está minha autoestima?
- Gosto de quem eu realmente sou? Assumo e exerço meu poder pessoal?
- Tenho medo ou assumo a responsabilidade pela minha própria vida?
- Sei qual é o meu lugar dentro do meu sistema familiar?
- Tenho facilidade ou dificuldade em tomar decisões?
- Reconheço o meu próprio valor ou preciso que o outro me reconheça?
- Consigo fazer coisas de forma independente ou sempre dependo de alguém?
- Estabeleço limites saudáveis nas relações com as pessoas?
- Eu me sinto leve ou sobrecarregado pelos desafios da vida?
- Tenho facilidade ou dificuldade para concluir tarefas?
- Tenho baixa ou alta energia? A minha energia é focada ou se dissipa em várias direções?

Falas sistêmicas para transformação:

"Eu honro a mim mesmo e reconheço meu valor. Eu assumo meu poder pessoal e a responsabilidade pela minha própria vida e a minha felicidade. Eu reconheço meus dons e talentos. Me orgulho das minhas realizações, conquistas e exerço meu poder pessoal de forma saudável nos meus relacionamentos e empreendimentos. Busco oportunidades de crescimento pessoal e espiritual!"

2º ATO: FOCO NA TRANSFORMAÇÃO

Esta parte envolve descobrir a sua verdadeira e autêntica identidade. Ela está além do condicionamento familiar e cultural. Você aprende quem realmente é, busca pelo autoconhecimento, o que tem significado e importância para você, o que te motiva e como viver os valores da sua identidade. Jung usou o termo "individuação" como uma maneira de explicar a nossa interação com os elementos do inconsciente e do consciente a fim de autorrealizarmos.

Neste momento, o indivíduo tem consciência de suas capacidades e habilidades para realizar objetivos e mudar de vida. Passa a ser cocriador de sua própria existência, de forma consciente, entendendo as leis do universo.

A pessoa saiu do piloto automático, soltou-se da multidão, ou seja, teve que começar a olhar para dentro de si mesma. Não depende mais da aprovação dos outros para ser feliz e realizar coisas. Ela busca e aprecia a mudança em sua vida, começa a questionar seus valores, a ver o mundo com outros olhos.

Procura conhecer suas emoções e a dominá-la, e afasta-se de sentimentos negativos como medo, ciúme, ódio, ganância. Possui crenças positivas sobre prosperidade, alegria e amor, gosta de estudar assuntos que desenvolvam a sua consciência.

Tem a intuição e criatividade mais apuradas, passa a receber insights e começa a seguir e concretizar essas ideias.

Nível 4 – Consciência de transformação

A principal busca é resgatar sua autenticidade e tornar-se quem você realmente é.

Em algum momento de nossa fase adulta nós temos a oportunidade de nos conectar com a consciência de transformação. Isso vai depender de muitos fatores, entre os quais: a profundidade e extensão de nossas crenças inconscientes baseadas no medo, nosso anseio de procurar ajuda e direcionamento para tornar essas crenças conscientes de maneira que possamos ultrapassá-las e as dificuldades que temos em sobreviver, sentirmo-nos seguros e protegidos e respeitados em nosso ambiente externo. Quando nossas vidas diárias nos levam a estar constantemente preocupados com a satisfação das necessidades básicas (dos três primeiros níveis de consciência), é muito difícil focar no autoconhecimento e autodesenvolvimento. Quando vivemos num constante estado de instabilidade interna e desequilíbrio externo, nossas mentes estão preocupadas com a sobrevivência.

O que aprendemos durante a experiência de transformação é que as crenças baseadas no medo presente na infância não são mais apropriadas na nossa vida adulta. Elas podem ter sido úteis naquela época, mas agora se tornaram disfuncionais, pois estamos vivendo num contexto de vida completamente diferente em termos coletivos. A disfunção emerge à medida que projetamos as crenças que aprendemos em relação à sobrevivência para nos sentirmos seguros e respeitados pelos nossos pais e outras pessoas significativas com as quais estabelecemos relacionamentos adultos próximos (esposa, marido, chefe etc.). Nós estamos usando essas crenças para manter a estabilidade interna e o equilíbrio externo num contexto diferente. À medida que nosso contexto de vida se expande, nós precisamos nos adaptar se quisermos crescer. A capacidade de adaptação fica limitada se nossos comportamentos são dirigidos por crenças que aprendemos num outro contexto de vida.

Assim, o nível de consciência de transformação envolve tornar consciente o que era inconsciente de maneira que possamos atualizar o software da nossa mente, fazer um *upgrade*. Aprendemos a mudar de um paradigma baseado no medo para um paradigma fundamentado na confiança. É a única maneira de satisfazer nossas necessidades de sobrevivência, segurança e autoestima, tendo foco no nosso mundo interno (quem realmente somos), e não no externo (o que o mundo espera de nós). Precisamos aprender a cuidar de nós mesmos fisicamente, amar-nos emocionalmente, e nos sentirmos bem com quem somos, não importando onde estamos nas hierarquias externas de poder. À medida que formos capazes de fazer isso, nós mudamos de uma existência baseada na dependência para a independência e liberdade.

Aqui é o nível da virada, a transição para os estágios superiores de consciência, o nível da provação. É nele que compreendemos a nossa necessidade de transformação pessoal, de reavaliar valores, promovendo, sobretudo, o aprendizado e a abertura ao novo.

Entendemos que há níveis mais profundos que não alcançamos, daí temos consciência da nossa limitação e necessidade de encarar esse processo. Os níveis inferiores transcendem, a superficialidade perde o sentido, o autoconhecimento assume um novo patamar e as transformações interiores começam a se tornar mais visíveis e mais identificáveis pelas outras pessoas.

Nós nos tornamos independentes quando dominamos os três primeiros níveis de consciência e os abordamos com crenças baseadas em abundância, amor-próprio e respeito. A transformação da consciência nos ajuda a fazer isso, a construir as bases para alinhar o ego (identidade externa, transitória) com a alma (identidade interna, eterna).

Vinculados ao medo, nos conectamos ao arquétipo do ator ou atriz, que não sabe amar de verdade, mas busca o poder e a dominação. O ator não alcança a verdadeira intimidade porque não releva a sua verdade, mantém-se aprisionado em seus medos de não ser amado por ser for verdadeiro e desenvolve uma máscara, interpretando um papel para agradar o outro. Ele nunca é vulnerável e o amor se torna um exercício mental. Como possui feridas antigas, teme amar, por isso, antes de ser ferido, fere aqueles que confundem seu encanto com amor. No entanto, também teme ficar sozinho. Precisa ser amado, mas tem pavor dessa possibilidade e, para não ser exposto, mantém suas defesas e máscaras. Corre o risco de ficar preso em um abismo de emoções.

Quando estamos em equilíbrio e conectados ao amor, acessamos o arquétipo do amante, que se permite ser vulnerável, expor sua dor e ser digno de afeto sendo quem é. Escolhe o amor e encontra o seu caminho porque é a energia que o alimenta e o enche de alegria. Torna-se alguém generoso e feliz com a vida. Sempre comprometido, possui a capacidade de criar alegria e de fazer uma situação difícil parecer fácil. Para desenvolver esse arquétipo, é preciso se perdoar, liberar-se de dores em relação à falta de amor e deixar brilhar sua luz interior. Uma vez que o coração é um órgão que se comporta como um receptor emocional do amor em nossas vidas, ele também exige um estilo de vida saudável e equilibrado.

É o nível de consciência do amor incondicional, da bondade e da compaixão, em que acessamos as qualidades humanas e que nos auxiliam a cumprir nossa evolução em sociedade.

Questões para o desenvolvimento desse nível de consciência:

- Como respiro e sinto a vida?
- Que relações precisam ser curadas?
- De que forma as minhas feridas afetam os meus relacionamentos?
- Eu permito que as feridas dos outros me controlem?
- De que forma eu limpo as mágoas em relação às pessoas? Consigo me perdoar e me aceitar genuinamente?

- Eu construo relações baseadas no amor com meu parceiro, pais, amigos etc.?
- Eu me sinto leve ou sobrecarregado pelos desafios da vida?
- Consigo sentir e expressar o amor em toda sua plenitude?
- Consigo desenvolver a compaixão pelas pessoas?

Falas sistêmicas para transformação:

"Eu aceito quem sou e as outras pessoas, sem julgamentos. Meu coração está aberto para oferecer e receber amor. Eu mereço amor e felicidade em todas as áreas da minha vida. Eu mantenho minhas emoções alinhadas com a minha energia. Eu vivo em equilíbrio com o fluxo do dar e receber!"

3º ATO: FOCO NO BEM COMUM

O terceiro estágio da transformação inclui descobrir o propósito de sua alma, quais são as suas paixões, seu chamado e o que você quer fazer no mundo, que gera um senso de significado para a sua vida e aumenta o potencial de realização pessoal. Esse é o início da autorrealização.

Neste nível de consciência se encontram os grandes ícones da humanidade, homens e mulheres que deixaram legado na história. São pessoas que alcançaram a maestria, despertaram todo o seu potencial.

Nível 5 – Consciência de propósito

A principal busca é dar significado à própria vida por meio de um propósito. Conforme nos tornamos um com nossa alma, entramos no nível de coesão interna. Começamos a passar de uma tomada de decisão baseada na crença, em nossas experiências passadas, para uma tomada de decisão baseada em nossos valores.

Nós aprendemos a criar o mundo que queremos vivenciar. Claro que isso é um processo gradual, mas é também um grande salto. A viagem na consciência da alma envolve deixar para trás todos os medos, inclusive o medo da morte. Precisamos largar todas as crenças baseadas no medo que condicionam nosso comportamento, inconscientemente. No nível do campo quântico, existem todas as possibilidades. São nossos pensamentos que as transformam em realidade. Precisamos acionar a inteligência da alma e desenvolver uma visão de quem desejamos nos tornar.

A necessidade de crescimento é uma lei universal, assim como a Lei da Gravidade. Para que possamos evoluir como pessoas, precisamos crescer, expandir, progredir e aprender sempre. Nós nos expressamos no mundo, pois é uma necessidade do nosso espírito. Podemos atender a algumas demandas, que são da nossa personalidade, e mesmo assim ainda não nos sentirmos realizados. Isso explica por que muitas pessoas, como cantores famosos, artistas de cinema e outras celebridades, às vezes acabam destruindo suas vidas com álcool, drogas ou depressão. Como isto ocorre? Uma pessoa pode ter fama, conexão com os fãs, fortunas, relacionamentos invejáveis, e ainda assim terminar como Kurt Cobain, Amy Winehouse, Elvis Presley, Janis Joplin e muitos outros.

Toda vez que enfrentamos um desafio, crescemos com ele, expandimos e evoluímos. Ele nos fará usar os nossos "músculos emocionais", assim como já usamos em muitas situações em nossa vida. Tudo o que mais queremos resume-se em uma palavra: evolução. Evoluímos em nossos relacionamentos, profissão, vida espiritual, finanças, saúde física e mental.

Neste nível de consciência encontramos as necessidades da alma. Conforme a influência do ego diminui, começamos a descobrir o chamado da nossa alma, o que ela está pedindo para fazermos.

Esta é uma pergunta poderosa: O que sua alma está pedindo para você fazer?

Toda pessoa, assim como toda empresa, é um conjunto de muitas partes. Não há erro maior do que tratá-las como independentes, pois, quando não há um senso de propósito do conjunto, não se chega a um mesmo destino. Só pode haver propósito na conexão de nossas partes, ou seja, uma pessoa não pode ter interesses pessoal e profissional conflitantes. Eu não posso ser ativista ambiental e trabalhar em uma mineradora que polui os rios. Quando integramos nossas partes, nos tornamos mais coerentes e mais eficazes. A coesão interna acontece em nós como um pequeno milagre, pois é extraordinário sentir que somos capazes de agir de acordo com o que acreditamos e que estamos conectados e alinhados aos nossos valores. Passamos a encontrar sentido em nossa existência. Começamos a entender que nossas vidas estão repletas de significado. Procuramos maneiras de realizar nosso propósito.

Vinculados ao medo, nos conectamos ao arquétipo do calado, que permaneceu fechado e em silêncio para não revelar nossa dor e tristeza. Aprendemos a nos sentir seguros calados, e talvez a amortecer sentimentos por terem compensado a falta e o vazio que sentimos, nos refugiamos nos excessos e vícios, como drogas, álcool, comida, sexo, internet etc. A força vital é suprimida e seus centros de energia são comprimidos. Sufocamos as lágrimas, sentimos sem importância, vivemos projetando que ninguém nos ama ou nos escuta e desenvolvemos problemas físicos na garganta, pois não conseguimos nos expressar livremente. Em alguns casos, pessoas com esse arquétipo são criativas e expressam sua energia por meio da arte.

Quando estamos em equilíbrio e conectados ao amor, acessamos o arquétipo do regente. Para curar, é preciso coragem para tirar a dor e aprender a se expressar e se comunicar. Somos ensinados a calar como sinônimo de obediência, a não nos expressar de forma genuína. O regente assume a responsabilidade pelo que diz, acessando toda a sua capacidade em se expressar e se comunicar genuinamente. Ele não murmura, critica ou magoa com palavras. Ele é assertivo na comunicação e procura as palavras certas, pois tem consciência do poder das palavras e de sua influência. Supera toda negatividade porque é direto e positivo, traz energia e vitalidade, dá clareza à sua comunicação. Não fala necessariamente sobre coisas sérias ou intensas, apenas diz a verdade, de forma clara, leve e divertida.

Questões para o desenvolvimento desse nível de consciência:

- Como defino a minha força de vontade?
- Como expresso a minha verdade e transmito a minha mensagem para o mundo?
- Consigo me expressar de forma autêntica, clara e equilibrada?
- Consigo transmitir minhas ideias de forma eficaz, seja por escrito, seja verbalmente? Tenho facilidade ou dificuldade em comunicar o que é realmente importante para mim?
- Sei ouvir ou costumo interromper os outros quando deveria escutar?
- Sou capaz de ser honesto em todas as circunstâncias? Em quais não consigo e por quê?
- Eu me sinto guiado nas coisas que faço? Qual a minha relação com o divino e como sinto que isso me orienta?
- Como consigo realizar meus projetos e metas pessoais?

Falas sistêmicas para transformação:

"Eu expresso meus pensamentos de forma livre, gentil e clara. Eu sou calmo na forma de falar e confiante naquilo que falo. Eu sou forte e vivo de forma totalmente autêntica. Deixo ir todo e qualquer medo ou negatividade que me impedem de expressar a minha verdade. Eu consigo me comunicar de forma efetiva com todas as pessoas. Compartilho minha experiência e sabedoria!"

Nível 6 - Consciência de integridade

A principal busca é colocar nosso propósito em ação para benefício das pessoas. Para realizá-lo, não basta ter a consciência de sua existência, precisamos agir e fazer a diferença no mundo. É muito comum que isso envolva expandir nosso modelo de existência. Procuramos oportunidades para viver nosso propósito na companhia de outros que também compartilham o mesmo que nós. Começamos a nos associar com pessoas de fora de nosso círculo local, de culturas e países diferentes com visões similares às nossas. Vamos aonde somos chamados a ir e formamos alianças com aqueles que estão seguindo a mesma jornada de alma e de evolução. Nos identificamos com esse grupo de pessoas que buscam significado e propósito coletivo.

Já percebeu que, quando você ajuda alguém, sua vida começa a fazer mais sentido? Você sai do "eu" e vai para o "nós". Precisamos contribuir e retribuir aquilo que já conquistamos, usando o nosso tempo, dinheiro, talento ou conhecimento. O sentimento de contribuição é o mais profundo que podemos sentir, porque faz parte da nossa verdadeira natureza, que é fazer o bem para o próximo. Doar, cuidar, ajudar, contribuir, ensinar o bem estão inseridos na nossa necessidade de contribuição.

Aqui ampliamos a nossa visão de mundo. Esta pode ser física, mas também espiritual e que se manifesta como intuição. Buscamos viver uma existência mais harmoniosa e conectada às outras pessoas, às memórias que existem. Porém, o desapego também é praticado para uma elevação da consciência.

Como será um maestro cheio de preocupações e sem foco? Conseguirá reger bem a sua orquestra? É o que desenvolvemos neste nível de consciência.

A integridade se caracteriza por uma convergência entre palavras e ações. Uma pessoa íntegra vive o que fala e o que pensa, está alinhada interna e externamente, mantém sua honra e o que acredita se reflete no que faz com clareza.

As falas e o discurso de uma pessoa íntegra são alinhados com a ética. Ela é tida como responsável, tem crenças bem alinhadas, convicções bem definidas e um alto nível de dedicação ao que se propõe a fazer. Está inteira e vive sua plenitude.

Integrar-se significa criar uma comunhão com todas as pessoas e sistemas que regem o universo. É um profundo atuar para o bem, de forma ativa e comprometida. Fazer a diferença no mundo significa construir o seu legado, compreender a construção sistêmica do universo e saber que somos interdependentes. Entendemos que estamos conectados um ao outro e que nossas ações influenciam o todo.

Vinculados ao medo, nos conectamos ao arquétipo do intelectual, que usa seus planos geradores do hemisfério cerebral esquerdo, com preocupações e cálculos excessivos. Reprimimos sentimentos. A mente fica seca, restringimos nossa capacidade de alegria e, para não ouvir nossa voz interior, gastamos energia contando apenas com informações de fontes secundárias. Nós nos mantemos em padrões antigos e familiares para não termos dúvidas ou confusão. Racionalizamos, teorizamos e intelectualizamos nossa vida. Nossa mente se limita a compreender somente por meio da razão e da lógica. Portanto, para atingir o verdadeiro equilíbrio, é preciso reconhecer o desconhecido, o espontâneo e buscar o calor das relações interpessoais, o prazer, sentir, intuir e imaginar. É necessário permitir-se cometer erros e enfrentar a vida com coragem.

Quando estamos em equilíbrio e conectados ao amor, acessamos o arquétipo do visionário. Há uma visão interior ou clarividência, confiando em seu conhecimento interior e sua intuição como seu guia. O visionário tem confiança e amor pela vida, serve aos outros com sua percepção e visão sistêmica.

Também crê que as experiências, por mais difíceis que pareçam, levam a um bom final. À medida que a sensibilidade aumenta, também se torna mais capaz de lidar com os eventos imprevistos. Pode ser um excelente terapeuta, curador ou artista. Outra qualidade é ser profundamente responsável e honesto.

Todos nós possuímos a capacidade de abrir nossas mentes e desenvolver nosso lado intuitivo. Todos nós temos intuição, apenas somos limitados por certos hábitos e condicionamentos da nossa mente consciente, que às vezes mente e não nos leva a todos os lugares que a inconsciência pode ser capaz de nos levar.

Questões para o desenvolvimento desse nível de consciência:

- Como eu vejo o mundo? Desenvolvo minha mente, integrando a razão e a emoção?
- Que pensamentos são mais frequentes? São positivos ou negativos?
- Observo e cuido da qualidade dos meus pensamentos?
- Que atitudes ou pensamentos fazem que eu me perca do meu caminho?
- Que crenças, apesar de saber que não fazem mais sentido, ainda mantenho? Que crenças poderia cultivar de forma intencional e consciente?
- Estou sempre julgando pessoas ou acontecimentos? Por quê?
- Costumo sempre adiar minhas decisões? Por quê?
- Reconheço e confio em minha intuição ou a ignoro?
- Tenho facilidade ou dificuldade para imaginar as coisas diferentes do que são?
- Costumo visualizar ou imaginar aquilo que quero?

Falas sistêmicas para transformação:

"Me permito a abrir mão da mente racional para acessar minha intuição e o meu eu superior. Eu sigo minha intuição e confio nas minhas decisões. Eu crio a minha realidade.

Estou em sintonia com a sabedoria universal e aberto a compreender o significado maior das situações e acontecimentos. Eu confio que tudo acontece como deve ser. Eu estou aberto às novas ideias e inspirações e as uso para promover o bem!"

Nível 7 – Consciência de sustentabilidade

A principal busca aqui é servir a vida e as pessoas sem interesses, por meio do seu propósito e significado, conectado ao coletivo. Continuamos a aprofundar nosso senso de conexão com nossa alma. Não apenas aprendemos a nos tornar uno com a alma, como também a nos tornar uno com o todo.

Conforme aprofundamos nosso sentido de conexão com a alma, começamos a passar da tomada de decisão baseada em valores para a da intuição. Aprendemos a viver o momento presente sem pensamentos, crenças ou agenda rígida. Começamos a buscar nossa tomada de decisão na sabedoria universal; por meio da alma, entramos no nível de serviço desapegado.

Dar se torna o mesmo que receber. Reconhecemos que somos como ondas no oceano da consciência. Somos formados pelo mesmo espírito, conectados para realizar o destino de nossas almas no plano físico.

Quando atingimos este nível de maturidade na nossa consciência, compreendemos que estamos neste mundo para servir. É o serviço que traz significado e que torna nossa vida digna de ser vivida e lembrada. O maior triunfo que alguém pode alcançar está na possibilidade de ajudar outras pessoas a obterem o sucesso. Quem se preocupa apenas consigo não prospera.

A vocação para isso nos coloca no degrau do reconhecimento. Quando passamos a olhar os outros, ouvi-los e contribuir em suas vidas, prosperamos e construímos um reconhecimento natural. Imagine-se sendo homenageado no seu funeral. Quem você acredita que faria um depoimento dizendo sobre sua importância no mundo?

Pessoas e empresas devem trabalhar pelos direitos humanos, pelo bem-estar da sociedade e pela preservação do nosso planeta. Quando pessoas e empresas descobrem que têm oportunidade e possibilidade de serem muito maiores e mais importantes, no sentido mais amplo dessas palavras, passam a fazer a diferença por meio do serviço.

Vinculados ao medo, nos conectamos ao arquétipo do egoísta, que pode ser descrito como orgulhoso, arrogante e cheio de autoimportância. É uma maneira de ficar preso às armadilhas do ego. O egoísta acredita ser responsável por suas realizações pessoais e nisso ele é o completo oposto do arquétipo da vítima. Ele não pode ser humilde ou pedir ajuda, mesmo que precise. Concentra suas habilidades no lado esquerdo do cérebro e parece perfeito para os outros, então se isola. Mesmo quando se trata de desenvolver a intuição, não reconhece que existe uma força superior dentro de si, por isso seu lado espiritual está limitado ao seu crescimento. Ele se sente onipotente, não pede ajuda espiritual, está preso no fazer e esquece-se do ser. O arquétipo do egoísta reforça certas ideias impostas por nossa cultura, baseadas na noção de que alguém pode ser melhor ou pior do que os outros e que raça, dinheiro ou educação fazem a diferença.

O arquétipo do egoísta pode ter religião, mas só consegue vivê-la a partir das experiências dos outros, como uma cópia. É possível observar também nesse arquétipo o fanatismo religioso. Suas ideias em relação à espiritualidade são extremas e sua relação vai além do saudável, desconectando-se do real e vivendo uma fantasia.

Portanto, é preciso estar consciente de que todos fazem parte da vida e que devemos dar amor e respeito aos outros, oferecendo nosso apoio e contribuição para toda a humanidade.

Quando estamos em equilíbrio e conectados ao amor, acessamos o arquétipo do mestre interior. O mais alto nível de responsabilidade, vitalidade e força, conectado com a alegria e bênção do espírito; representa o domínio no plano espiritual, incorpora a essência do amor e da percepção. Só existe unidade, aceitação e amor a si mesmo e a todas as pessoas. Aqui assumimos responsabilidade por todos os aspectos da nossa vida, e percebemos que tudo nos ajuda a nos desenvolvermos como seres espirituais. O mestre interior tem o conhecimento de que o espírito está contido em todos os seres vivos e eles canalizaram essa força para a cura.

O mestre interior possui saúde, serenidade e estabilidade, maestria em cada plano, conectado a algo maior. Ele não tenta possuir poder externo ou intervir na vida de ninguém. É a transcendência na sua forma mais pura. Ele não responde a todas as nossas perguntas, só pode nos ajudar a experimentar o nosso eu, para que encontremos o que procuramos por meio do nosso próprio caminho. O mestre interior só pedirá que você se respeite e se honre profundamente, criará a atmosfera para que isso aconteça e lhe dará a liberdade de escolher ser quem você é.

Este nível de consciência traz sabedoria e conexão com o mundo.

Questões para o desenvolvimento desse nível de consciência:

- Tenho o hábito de meditar e me conectar comigo mesmo?
- Como estão minha fé e a conexão com a minha espiritualidade?
- Como está a busca pela minha evolução espiritual?
- Compreendo e respeito a crença e a fé das outras pessoas quando diferentes das minhas?
- Tenho abertura para as novas ideias? Tenho facilidade para aprender coisas novas?
- Consigo perceber a relação que existe entre meu propósito e meu servir com as pessoas ao meu redor, com a coletividade e com o planeta?
- Consigo enxergar a consciência divina em tudo que existe?

Falas sistêmicas para transformação:

"Eu sou guiado pela minha sabedoria interna e abençoado pela sabedoria divina. Permito que a luz rompa todas as barreiras que me impedem de receber a sabedoria e orientação divina. Agora me sinto em paz, completo e equilibrado. Eu vivo o momento presente. Me rendo a algo maior que flui através de mim, eu sou um canal de conexão com a luz e torno-me um com o universo. Integro corpo, alma e espírito!"

INTEGRAÇÃO ENTRE EGO E ALMA

Uma pessoa desperta é alguém que aprendeu a equilibrar as necessidades do ego com as da alma. Quem segue seu chamado sem conectá-lo com as demandas do ego é ineficiente no mundo, incapaz de criar as condições físicas necessárias para a realização do propósito de suas almas.

É importante reconhecer que a alma apenas faz sentir a sua presença em nossas vidas se formos capazes de dominar nossos medos conscientes e inconscientes, e se estamos dispostos a aceitar nossa verdadeira natureza ou identidade. A alma é uma semente. Ela contém a essência de quem somos e de quem podemos nos tornar. Ela sempre está presente em nossas vidas, mas, como a semente de uma flor ou de uma árvore, ela vai crescer e florescer somente se for nutrida de forma apropriada.

Nossa jornada de evolução da consciência do ego para a alma nos leva da dependência para a independência, e desta para a interdependência. Ao seguir este caminho, aprendemos como conectar nosso ego com nossa alma, a cooperar com outras pessoas para que nos apoiemos mutuamente no processo de compartilhar talentos e nos tornar quem realmente somos. Estamos todos envolvidos nessa grande jornada, estejamos conscientes disso ou não. É o caminho da evolução, tanto individual quanto coletiva.

INSIGHTS DA CONSCIÊNCIA

Alguns insights em direção à evolução da consciência:

- Quando percebo meus padrões repetitivos e e tomo consciência deles.
- Quando me sinto grato por tudo que recebi e sei que tenho todos os recursos de que preciso para sobreviver e evoluir, desisto de cobrar meus pais ou alguém, pois agora compreendo que cada um dá aquilo que tem.
- Quando encontro minha autenticidade por meio do autoconhecimento, sei quem sou, adquiro autoconfiança sem arrogância, sem me sentir superior, dissolvo o medo do julgamento e a necessidade de aprovação das pessoas.
- Quando estou centrado, cuido igualmente do campo físico, emocional, mental e espiritual, trago mais equilíbro, saúde e bem-estar, honro minha vida neste planeta como uma oportunidade de desenvolver minhas virtudes e evoluir.
- Quando me sinto conectado às pessoas ao redor, e não apenas fazendo ações para mim mesmo; me coloco a serviço dos outros, ajudo, colaboro, estendo a mão a quem precisa, realizo trabalhos voluntários etc.
- Quando abandono o apego aos bens materiais, ao consumo exagerado e às marcas, sabendo que não se trata de não ter os recursos necessários, mas não me tornar escravo deles, sinto-me mais leve, pois tenho o essencial.
- Cuido da natureza e do planeta, tomo consciência de que não sou apenas um tomador de recursos naturais e sei que posso contribuir para a regeneração do planeta, com atitudes pequenas e grandes, como separar o lixo, não usar produtos que degradam o meio ambiente, respeitar os animais etc.

- Quando encontro minha paz interior, consigo administrar as coisas práticas da vida sabendo que sempre há aquilo que não posso controlar; aprendo a lidar com a imprevisibilidade da vida com calma, força e coragem.
- Quando permito que a minha intuição se manifeste, silenciando a mente e percebendo que eu não sou meus pensamentos, noto as sincronicidades da vida.

ACEITAÇÃO: A PROVAÇÃO SUPREMA

Você já deve ter ouvido a frase: "A dor é inevitável, o sofrimento, é opcional". Muitas vezes nos mantemos presos em estado de sofrimento pois nos apegamos à dor. Aqui está nossa provação suprema: a aceitação.

O sofrimento é uma forma de inflexibilidade psicológica, segundo a terapia da aceitação e compromisso. É a diminuição da capacidade de ação, da capacidade de se adaptar de maneiras variadas. Vivenciamos, portanto, uma restrição comportamental ou falta de escolha.

Uma pessoa que segue um padrão de evitar seus próprios pensamentos e sensações, pelos quais manifesta desconforto, ansiedade, depressão ou funções verbais aversivas, apenas amplifica sua inflexibilidade psicológica.

Steven Hayes é o criador dessa prática, que, como muitas outras ferramentas de saúde mental, emergiu de sua própria experiência. O psicólogo observou que, ao negar seus próprios medos, ele só conseguiu aumentar a frequência dos ataques de pânico que sofria e, portanto, prometeu nunca fugir de si mesmo.

Nesta linha, ele argumenta que o que causa desconforto e ansiedade não são eventos, mas como a conexão deles com as emoções é gerenciada. Não se trata de evitar o sofrimento, mas de construir uma ponte em direção a aceitação.

Dessa maneira, ele começou a ensinar que a vida não é exclusivamente identificar problemas e modificar comportamentos, mas que há momentos em que é necessário abrir-se emocionalmente às circunstâncias e aceitar, ou seja, não podemos controlar a chuva, mas podemos usar um guarda-chuva.

Por exemplo, alguém é criticado ao contar uma história para seus amigos. Devido a essa experiência dolorosa, associa o falar em um grupo a algo a ser evitado e logo deixa de fazê-lo toda vez que está com outras pessoas.

Há o contexto (o grupo) e a história (um momento de crítica) que leva ao sofrimento, podendo até ser diagnosticado como uma fobia social. Este é um exemplo de inflexibilidade psicológica. A pessoa deixa de expressar um comportamento que, gostaria de emitir, criando um círculo de sofrimentos: imagina que se falar, será de novo criticada; por não falar, se critica; por se criticar, sofre mais ainda; e assim por diante.

A inflexibilidade psicológica relaciona-se à fusão cognitiva, mas também a outros fatores, como evitar se expor a situações um pouco desagradáveis, mas que permitiriam atingir os próprios objetivos, deixar de fazer algo porque não se sente bem ou porque atribui-se a causa do comportamento às emoções (dar razão) ou a avaliações equivocadas, ou seja, relacionar eventos comparando e fixando-se em uma única perspectiva, em geral negativa.

> "As artimanhas que usamos para escapar da aflição nos desviam de nossos objetivos de vida. E é por eles que vale a pena viver."
> Steven C. Hayes

Para construirmos nossa ponte do sofrimento para a aceitação, precisamos ampliar nossa flexibilidade psicológica. Podemos fazer isso desenvolvendo seis habilidades, representadas no hexágono ilustrado na página 194.

Cada um desses processos desempenha uma função importante no comportamento humano de se adaptar às mudanças e às circunstâncias desafiadoras da vida.

As seis habilidades que precisamos desenvolver são as seguintes:

1. ACEITAÇÃO

O processo de aceitação implica abrir espaço para que os eventos, que comumente julgamos como indesejáveis e inaceitáveis, sejam sentidos da maneira como eles são apresentados. É diferente de conformismo, uma vez que envolve uma postura ativa que podemos nos permitir ter, reconhecendo nossos pensamentos, sentimentos, impulsos e emoções. Percebemos como eles são e como aparecem em cada situação, sem tentarmos nos livrar deles, sem modificar sua frequência, forma ou sua intensidade.

Aceitação requer uma consciência não julgadora sobre a nossa forma de olhar para os acontecimentos: como eles são de fato, experienciando e explorando as sensações corpóreas com um senso de autocompaixão, permitindo-nos conceber a noção de que não temos controle sobre esses eventos, e entendendo que são fluidos.

Uma pessoa, mesmo sentindo medo ou ansiedade, pode agir. Ao viver mais no presente e aceitar a presença de sensações físicas não muito agradáveis, perceberemos que as sensações são transitórias. Por isso, deixar de agir por não querer sentir algum tipo de receio ou insegurança limita em muito o nosso campo de ação e os nossos resultados.

Como não podemos controlar o que se passa nesse nível da nossa experiência, temos que aceitar e focar a nossa atenção no que podemos fazer. Afinal, o comportamento não é determinado pelos sentimentos.

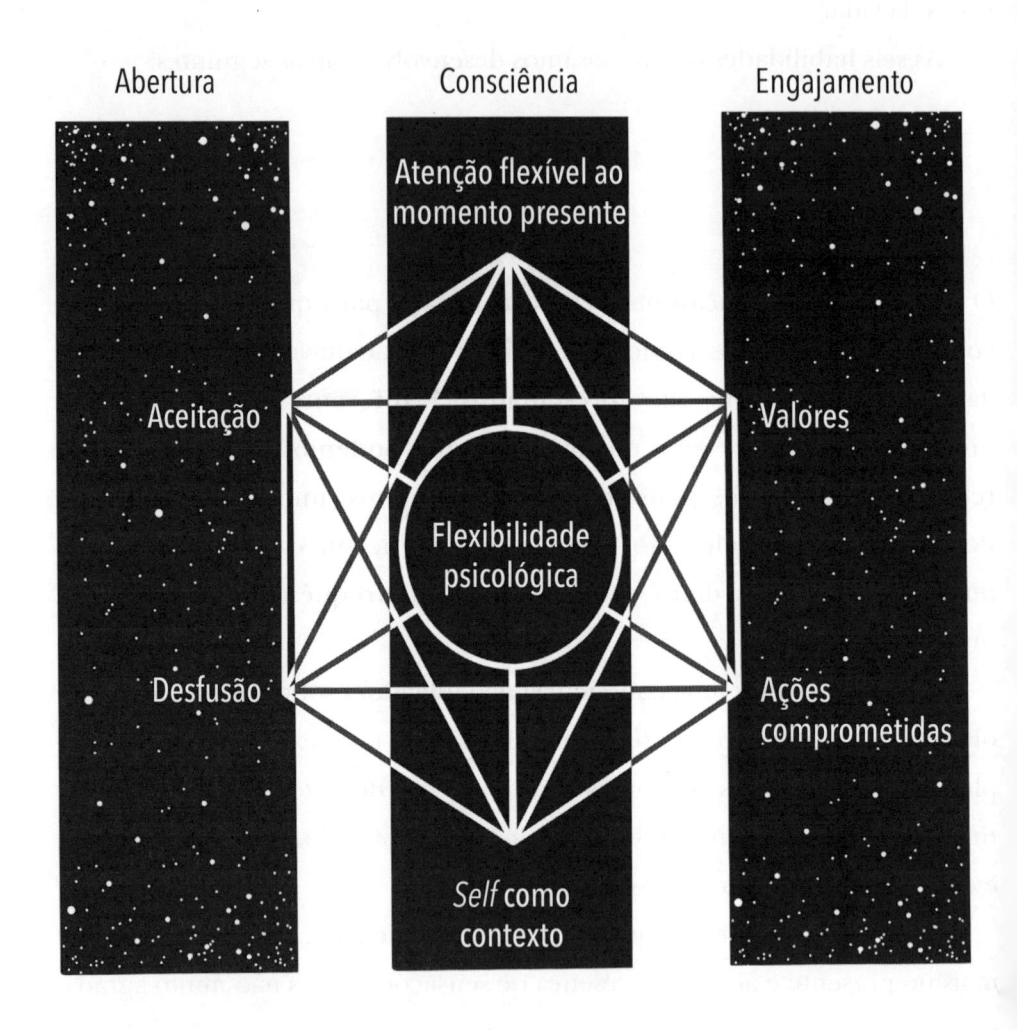

Hexágono da flexibilidade psicológica

Fonte: Desenvolvida por Hayes, Strosahl; Wilson, 2021.

O processo de aceitação não implica você gostar de sentir algo ou não, mas sim, aceitar essa sensação; ela tem um motivo, e não precisamos fugir dos nossos sentimentos.

Aceitação é o treino de perceber a sensação e os sentimentos, sem fugir ou se esquivar e deixar a curva das emoções passar.

2. DESFUSÃO COGNITIVA

Desfusão cognitiva nada mais é do que procurar mudar as funções dos eventos internos (pensamentos, emoções, lembranças etc.), principalmente quando lutamos contra eles. Por exemplo: "não quero pensar nisso", "não quero sentir isso". Visa mudar a forma como nos relacionamos e interagimos com nossos pensamentos. É observar os pensamentos, e não a partir deles.

Assim como a aceitação cuida da relação com as sensações e sentimentos, a desfusão cuida dos pensamentos. A nossa mente é fantástica, nos permite realizar várias ações. Entretanto, para nos proteger de perigos, nem sempre ela é eficaz. Assim, temos diversos pensamentos negativos, imaginando desgraças e tragédias. Isso não é algo antinatural ou psicopatológico em si. O mecanismo de luta e fuga está presente em todos nós.

A questão é não nos limitarmos por estes alarmes e alertas desse mecanismo, que na maior parte das vezes é irreal ou exagerado. E podemos fazer isso nos separando dos pensamentos que temos. Um pensamento não é um fato, nem uma única verdade.

A desfusão trata-se do processo de mudar a forma com a qual interagimos com nossos pensamentos, o que, por vezes, pode ser fonte de sofrimento.

Para lidar com os pensamentos e podemos tomar consciência sobre sua mutabilidade, assim eles perdem sua influência sobre nossas ações. Pratique esta dinâmica em relação aos pensamentos, dizendo para o pensamento: "Oi, pensamento x, estou vendo você. Agradeço por surgir e querer me dizer algo. Tchau, pensamento!".

Atitude de observar, deixar o pensamento ir embora e voltar para o que estava fazendo. Agradecemos por nossa mente ter trazido este pensamento e nos despedimos dele, afinal, se é um pensamento que nos afasta dos nossos valores e objetivos naquele momento.

3. ATENÇÃO AO MOMENTO PRESENTE

É curioso observar que não existem dois momentos que se repetem, certo? Cada momento é único. Razão pela qual estamos sempre lidando com novidades, como novos fenômenos, novas pessoas, novos dias.

A observação do agora, do momento presente, permite entender que tudo é novo e que o passado já foi. O que vai acontecer daqui para a frente não será igual; aliás, pode ser totalmente diferente.

Estar presente, com consciência plena do agora, ter *mindfulness* ou atenção plena, é um processo que colabora para que a pessoa retorne e fique conectada.

Esse processo é caracterizado por olhar e perceber o que está no ambiente e em sua experiência, nomear e descrever o agora, sem necessariamente julgar ou avaliar aquilo que se percebe.

A prática do *mindfulness* busca trazer propositalmente a atenção da pessoa para o aqui-agora, experienciando o mundo diretamente, conforme ele é apresentado, estabelecendo um senso de *self* (identidade) como um processo de consciência contínua de eventos e experiências.

Neste momento é importante treinar a observação de aspectos sensoriais, pensamentos, sentimentos, sensações corporais e memórias.

Microprática de *mindfulness*: nomear e respirar. Nos ajuda na percepção de pensamentos e emoções, o que é a base da inteligência emocional.

Passo 1: Observe o pensamento, sentimento ou emoção que esteja presente naquele exato momento (no corpo ou na mente) e coloque uma "etiqueta" (nomeando e classificando). Podemos nomear como: imagem, preocupação, plano, pensamento automático, tristeza, mal-estar etc. A ideia é simplesmente colocar um nome no que a mente está produzindo naquele momento, ou nos sentimentos e emoções que estejamos sentindo no corpo, discriminando-os de maneira simples e concreta.

Passo 2: Após "etiquetar" o pensamento, sentimento ou emoção presente naquele momento, redirecione aos poucos sua atenção para as sensações e movimentos da respiração por duas respirações, deixando que ela flua livremente (sem mudar nada). Aqui, podemos olhar para os pensamentos, sentimentos e emoções com uma certa distância de segurança (que chamamos de descentramento), ou seja, sem necessariamente nos envolvermos com eles. Assim, é possível discriminar e decidir se são úteis ou não, ou como lidaremos com eles naquele momento.

4. *SELF* COMO CONTEXTO

Self é a concepção de si, o estímulo que chamo de "eu". Nesta etapa, o objetivo é treinar a observação desse estímulo "eu" ao mesmo tempo, com as outras respostas do indivíduo. Em termos técnicos, é treinar a relação hierárquica em que o estímulo "eu" contém as ações, abertas ou encobertas (sensações, sentimentos e pensamentos). As ações ocorrem no contexto, no "lugar" do "eu". Em outras palavras, é não se identificar nem com seus pensamentos, sensações ou sentimentos, nem com suas ações. É ser livre para ser, simplesmente.

Este processo envolve a necessidade do desenvolvimento de uma perspectiva de auto-observação, ou seja, a habilidade de "observar de fora" nossos pensamentos, sentimentos, sensações corporais, emoções e memórias, ou seja, também envolve *mindfulness*, e torna possível a ocorrência dos processos de desfusão cognitiva e aceitação.

É um comportamento no qual devemos nos afastar dos acontecimentos, notá-los, e senti-los tais como se apresentam, observando o "eu-aqui-agora" com autocompaixão.

Quando nos afastamos dos pensamentos, percebemos que não somos o que pensamos. Somos a consciência, a observação do que está acontecendo agora: imagens externas, sons, sensações, emoções, pensamentos. Se fôssemos assim, deixaríamos de existir nos segundos em que conseguimos ficar em silêncio e observar.

5. VALORES

A partir do momento em que conseguimos descrever aquilo que apreciamos e valorizamos, o tipo de pessoa que gostaríamos de ser e a relevância da escolha desses valores para a nossa vida, podemos nos comportar em direção a eles.

Identificar nossos valores é fundamental para conhecermos o que é realmente importante para nós, encontrar o nosso porquê, saber o que nos motiva a caminhar em direção a nossas metas, objetivos e propósito.

Eles são como uma espécie de bússola que servem como um guia para as nossas ações.

Quem a pessoa quer ser em um determinado contexto, nós chamamos de valores. Por exemplo, ter um relacionamento amoroso pode ser algo importante. Porém, ter um relacionamento amoroso é o objetivo da pessoa, quem a pessoa quer ser nesse relacionamento é o valor. Exemplo de valores ser amoroso, ser amado, ser afetuoso, ser respeitador e respeitado etc. Observe neste contexto que ser amoroso e ser amado são os valores e ter um relacionamento amoroso é o objetivo.

Você tem clareza sobre quais são seus valores? O que é realmente importante para você?

6. AÇÕES COMPROMETIDAS

Precisamos desenvolver novos repertórios e ações, alinhados aos nossos valores.

Tendo em vista os valores e objetivos, podemos então passar a agir de acordo com eles, com o compromisso conosco de alinhar os comportamentos com o que realmente queremos e valorizamos.

Ter ações comprometidas é quando estruturamos um plano de ação alinhado e em direção aos nossos valores. Após identificar nossos valores, elegemos nossos objetivos; depois, as ações compatíveis com as habilidades já existentes ou que vamos desenvolver. Também é fundamental abrirmos espaço para acolher nossas emoções no percurso.

O desenvolvimento dessas ações pode trazer incômodo em alguns momentos, uma vez que a exposição a algumas situações e contextos pode despertar sensações e pensamentos de que tenderíamos a se esquivar. Porém, a ação comprometida envolve dar os passos alinhados aos nossos valores, mesmo que isso traga algum desconforto.

Ter consciência das habilidades que escolhemos desenvolver para guiar nossas ações e aceitar os acontecimentos nesse processo são os elementos mais relevantes para desenvolver nossa flexibilidade psicológica.

Não precisamos começar com algo grandioso. Basta dar o próximo passo, na direção certa, com flexibilidade e consciência. Somente assim conseguimos vencer nosso maior desafio, nossa provação suprema, com aceitação.

A TRANSFORMAÇÃO

"COMUNIDADE NÃO SOMENTE CRIA ABUNDÂNCIA, COMUNIDADE É ABUNDÂNCIA. SE PUDÉSSEMOS APRENDER ESTA EQUAÇÃO COM O MUNDO DA NATUREZA, O MUNDO HUMANO SERIA TRANSFORMADO."

PARKER PALMER

PENSAMENTO SISTÊMICO: O NOVO PARADIGMA DA NATUREZA

Se queremos criar um movimento de transformação, precisamos questionar o paradigma atual de pensamento e buscar um novo olhar para a realidade. Aqui nos damos conta de que estamos todos interconectados e podemos caminhar juntos nesta jornada de evolução.

Para isso, a natureza será sempre nossa primeira fonte de inspiração. Ela é feita de ciclos, de formas orgânicas, circulares, mas nosso pensamento foi construído a partir de um modelo linear. E utilizamos esse paradigma nossa linguagem.

O pensamento sistêmico busca entender o funcionamento do todo, envolve ter a visão holística dos processos, ou seja, nos traz a perspectiva global. Segundo Peter Senge, um dos criadores do conceito de pensamento sistêmico, o ponto para interpretar a realidade de forma sistêmica é enxergar círculos de influência, e não linhas retas. Traçando os fluxos de influência, ficam claros os padrões que se repetem continuamente, melhorando ou piorando as situações.

A visão sistêmica nos incentiva a enxergar o mundo como uma grande rede conectada, na qual diversos fatores, tanto internos e externos, estão ligados a um sistema principal e afetam, influenciam e desencadeiam uma série de consequências que muitas vezes fogem ao nosso olhar.

O pensamento sistêmico entende que há a existência de variáveis tanto visíveis como invisíveis. As visíveis correspondem aos recursos humanos e materiais, já as invisíveis estão relacionadas aos valores, às crenças e às motivações, e as duas devem ser levadas em consideração na hora da tomada da decisão.

Toda atividade humana pressupõe uma relação cíclica e não linear de causa e efeito e implica a interdependência de vários fatores que atuam em conjunto com o todo do qual fazem parte. Pensamento sistêmico nada mais é do que criar uma maneira de analisar o universo de forma a compreender que fazemos parte de um todo e que a relação entre as partes de um sistema são mais complexas do que imaginamos. É a capacidade que uma pessoa tem de analisar um fenômeno, levando em conta seu contexto e suas possíveis implicações.

A visão sistêmica indica que as perguntas não possuem apenas uma resposta correta. Ela aceita a possibilidade de múltiplas respostas para a mesma pergunta, algumas até mesmo contraditórias entre si. Ela origina-se da Teoria Geral dos Sistemas, do biólogo Ludwig Von Bertalanffy, na qual propunha que, ao invés de tentarmos achar soluções únicas para nossos problemas, levantássemos hipóteses nas quais as contradições da realidade empírica fossem consideradas.

Visão ou pensamento sistêmico, então, consiste na habilidade de compreender os sistemas como um todo, permitindo uma análise mais profunda do mesmo e de tudo que nele interfere. Para tal, vamos definir sistema como uma rede de elementos interdependentes que interagem para alcançar um objetivo comum, formando um todo complexo e unitário.

Pensamento linear ou mecanicista	Pensamento sistêmico
Partes	Todo
Objetos	Relacionamentos
Medição	Mapeamento
Hierarquias	Redes
Causalidade linear	Circularidade
Estrutura	Processo
Conhecimento objetivo	Conhecimento contextual
Quantidade	Qualidade
Comando	Influência
Controle	Colaboração

A característica mais importante do pensamento sistêmico é a mudança de perspectiva das partes para o todo. Os sistemas vivos são integrados e suas características não podem ser reduzidas às partes menores deste sistema. Suas propriedades essenciais, ou sistêmicas, são do todo e nenhuma das partes as possui. Elas são destruídas quando um sistema é dissecado, tanto física quanto conceitualmente, em elementos isolados.

Na visão do pensamento linear, o mundo é uma coleção de objetos. Eles interagem um com os outros, portanto, existe um relacionamento entre eles. Porém, essas relações são secundárias. Na visão sistêmica, percebemos que os próprios objetos são redes de relacionamentos incorporados em redes maiores. As relações são primárias e os objetos são secundários. Assim, o foco da atenção e análise vai dos objetos para os relacionamentos.

A mudança de perspectiva de objetos para relacionamentos não acontece facilmente, é algo que vai de encontro à prática científica tradicional da cultura ocidental. A ciência tradicional diz que as coisas devem ser medidas e pesadas, porém relacionamentos não devem ser medidos dessa forma; eles precisam, na verdade, ser mapeados. Portanto, essa mudança vem acompanhada por uma alteração do método de medição para o mapeamento. Quando se mapeiam as relações, encontram-se certas configurações que são recorrentes, chamadas padrões. Redes, ciclos e conexões ecossistêmicas são exemplos de padrões de organização que são característicos dos sistemas vivos e estão no centro das atenções da ciência sistêmica.

Na concepção cartesiana existem estruturas fundamentais e, então, há forças e mecanismos com os quais estas interagem, dando origem aos processos. Na ciência sistêmica, cada estrutura é vista como uma manifestação do processo subjacente. Assim, o pensamento sistêmico muda de uma perspectiva de estruturas para uma de processos. Nos sistemas vivos há um fluxo contínuo de matéria, ao passo que a sua forma é mantida. Assim, há crescimento e declínio, regeneração e desenvolvimento.

Para que se possa focar no todo em vez de nas partes, é necessária uma mudança do pensamento analítico para o contextual. As propriedades das partes são entendidas como emergentes, e não intrínsecas, e que só existem devido ao seu relacionamento com o todo. Sendo assim, pensar de forma sistêmica é pensar de forma contextual, significa explicar as coisas em termos do seu ambiente e toda concepção de sistemas é ambiental.

PRESSUPOSTOS DO PENSAMENTO SISTÊMICO

No quadro da página seguinte, observe o comparativo entre estes modelos de pensamento, para ampliar nossa perspectiva:

Pensamento linear	Pensamento sistêmico
Pressuposto da simplicidade Este pressuposto isola os objetos de estudo de seu contexto, para encontrar padrões e elementos simples que os tornem mais compreensíveis. A partir desta visão, separamos os fenômenos em biológicos, físicos, psicológicos ou culturais.	**Pressuposto da complexidade** Entende que a simplificação torna as relações entre diferentes fenômenos do universo obscura e que precisamos aceitar e lidar com os diferentes níveis de complexidade do mundo se quisermos entendê-lo.
Pressuposto da estabilidade A crença é de que o mundo é estável, pois ele "já é", já existe. Leva a ciência a estudar o mundo em laboratório, onde temos controle sobre cada variável, excluindo seu contexto e sua complexidade. Aqui, também podemos observar a crença na previsibilidade: o que não é previsto é associado a um conhecimento imperfeito ou algum desvio que se deve corrigir.	**Pressuposto da instabilidade** Crença de que o mundo está em processo de tornar-se. A natureza e os seres vivos são imprevisíveis e influenciáveis pelo seu contexto. Fenômenos podem ser incontroláveis, imprevisíveis e irreversíveis.
Pressuposto da objetividade Esforço em analisar o mundo objetivamente, tal como ele é, ignorando a subjetividade e parcialidade de quem o observa. A objetividade é um pré-requisito para a veracidade da análise.	**Pressuposto da intersubjetividade** Reconhece que não podemos separar o objeto de análise de seu observador e da sua vivência. O conhecimento científico é uma construção social, que se dá em espaços consensuais, por diferentes observadores.

A RESPOSTA ESTÁ NA NATUREZA

A natureza é a primeira fonte de inspiração do ser humano. Leonardo da Vinci se inspirava nela o tempo todo.

Ao longo das revoluções científica e industrial, distanciamo-nos da natureza, passamos a acreditar que ela é uma fonte de recursos e que somos seus exploradores. Em função de todo o caos, desequilíbrio e adoecimento que esse pensamento causou, aos poucos começamos a nos lembrar de que, na verdade, por uma série de fatores, traumas, conflitos, e por meio da sincronicidade e de um trabalho interior, somos a natureza.

Se por um lado o progresso da ciência e da indústria simbolizou um avanço para a humanidade, por outro retardou nossa evolução espiritual e conexão com a natureza. Esquecemos de valorizar a intuição e o sentimento, em busca por um conhecimento mental. O resultado disso está nos índices de saúde física mental e emocional. Em todo o mundo, a depressão aumentou 18% entre 2005 e 2015 – são 322 milhões de pessoas. No Brasil, a depressão chega a 11,5 milhões e somos mais de 18,6 milhões de brasileiros com ansiedade, conforme dados de 2017 da Organização Mundial da Saúde.

TRANSTORNO DE DÉFICIT DE NATUREZA

O contato com a natureza pode reduzir muitos desequilíbrios emocionais e físicos que enfrentamos hoje. O jornalista e escritor americano Richard Louv, em seu livro *A última criança da natureza*, publicado em 2016, reúne pesquisas e argumentos para mostrar que qualquer humano, especialmente na infância, precisa de contato com a natureza para se desenvolver e ficar saudável. Ele criou o termo Transtorno de Déficit de Natureza.

Em sua obra, ele estabelece a relação entre doenças e a falta de natureza. O especialista diz que estudos científicos revelam que a exposição direta à natureza é essencial para a saúde física e emocional. O autor expõe argumentos baseados na medicina e em experiências, além de estudos que evidenciam o fato de que é preciso ter contato com o mundo natural. Esse convívio proporciona melhora na capacidade cognitiva, resiliência, estresse, depressão e até na redução do que se chama de hiperatividade. Como explica Louv, chegou a hora de curarmos nossa Síndrome de Déficit de Natureza. Embora seu livro seja focado em crianças, essas premissas também servem aos adultos.

Mas há esperança:

"escolas e associações estão usando hortinhas, caminhadas em bosques e outras soluções simples para combater uma série de novos problemas que atingem muitas das crianças de hoje, por estarem tão afastadas da natureza", afirma Louv.

É importante ressaltar que o Transtorno de Déficit de Natureza não é um diagnóstico médico, mas, sim, um termo linguístico considerado por seu criador como uma doença da sociedade.

Lembre-se do seu lugar favorito na natureza quando você era uma criancinha. Como era esse lugar? Como você se sentia nele? Como era estar ali?

Agora traga à sua consciência que você e esse lugar são irmãos. Unidos para sempre pela força geradora de uma mesma mãe, a Terra. Imagine que, da mesma forma que você amava esse lugar, esse lugar também te amava. Alguma emoção vem à tona quando você traz essa verdade à sua consciência?

Nesse momento, peço que foque em seu coração. Que você se permita sentir essa verdade e despertar do sono profundo da separação. A vida, com "todos os nossos parentes", fica bem mais colorida assim – porque, quando você se une com todos os seres, você vibra na verdade, não mais na mentira que nos fizeram acreditar. A separação é uma ilusão. A crença da superioridade humana sobre as outras espécies é uma inverdade.

Aproveite que este texto chegou até você e dê uma voltinha na natureza com a intenção de trazer essa lembrança da conexão com todos os seres ao seu coração.

Ao se abrir para a comunhão com a existência, a solidão não baterá à sua porta. Nunca mais.

O QUE PODEMOS APRENDER COM A NATUREZA?

E se fôssemos buscar respostas para os principais desafios da nossa jornada na natureza? E se a natureza pudesse nos ensinar a reduzir nossa ansiedade, desenvolver a paciência, aceitação ou qualquer outro sentimento? E se a natureza pudesse ser nossa guia? O que as árvores, os oceanos e os pássaros podem nos ensinar?

A natureza é cíclica

A natureza é circular. Veja as estações do ano, as fases da Lua. O mundo dá voltas e frequentemente as ações se repetem. A mesma coisa ocorre conosco.

Quando praticamos uma ação, seja ela boa ou ruim, é inevitável que desempenhe uma consequência. Se você plantou sementes de abacates, a única coisa que pode crescer são... abacates.

Na natureza não há ângulos exatos ou linhas retas. Há curvas e caminhos tortuosos. Tudo o que vai, volta, tudo que nasce, adapta-se às condições ao seu redor, morre e dá origem a outra vida.

As coisas não são lineares e, na grande maioria das vezes, precisamos caminhar em linhas sinuosas para contornar os obstáculos e alcançar os nossos objetivos.

Assim como um rio contorna as pedras que se apresentam em sua jornada, não deixe que tirem a sua motivação e vontade de crescer. Compreenda que a vida apresenta novos caminhos para seguir seu fluxo.

Nossa natureza é movimento

Parece uma obviedade afirmar que a vida é ação e movimento. No entanto, muitas pessoas se esquecem desse aspecto e apenas deixam que os dias e a vida passem.

Tudo na natureza está em constante movimento, agindo e trabalhando. Até mesmo os animais que hibernam fazem isto para recarregar as suas energias para se tornarem ainda mais ativos na próxima estação. A natureza não descansa, sempre está buscando progresso, vitalidade, crescimento e evolução.

Nós possuímos muito mais força e capacidade do que podemos imaginar. Nossos corpos estão preparados para caminhar, agir, produzir e estar em constante atividade.

Aprenda com a natureza e faça o seu movimento, coloque ação na sua vida.

Tenha raízes fortes, mas seja flexível

As árvores estão em perfeita harmonia com a natureza. Elas fazem a conexão entre a terra e o céu. Suas raízes são a base que as mantêm centradas, fortes e firmes no chão.

São unidas e se comunicam umas com as outras por intermédio de suas raízes, formando uma grande rede. Elas nos ensinam sobre a impermanência: trocam suas folhas e se renovam a cada estação.

Também nos ensinam sobre paciência e resiliência, pois sabem esperar e resistem às mudanças do ambiente, se adaptam a diferentes temperaturas, ventos e tempestades.

Elas são abundantes, uma única árvore é capaz de produzir milhares de flores e frutos durante sua existência. São mestras da compaixão: oferecem sombra, abrigo e alimento sem diferenciar a quem.

Elas são gratas e retribuem a natureza, suas folhas, galhos secos e frutos retornam para solo e viram adubo, gerando nutrientes para a terra.

Árvores renovam o ar, regulam o clima e drenam o solo, contribuindo para o equilíbrio de todo o ecossistema e de todo o planeta.

Já o bambu é notável pela sua incrível flexibilidade, o que é possível, em parte, devido à estrutura complexa de sua raiz para se manter estável no chão ao redor da floresta.

Precisamos aprender a nos adaptar e ser mais flexíveis às situações se quisermos estar em constante evolução. Raízes são importantes, em um mundo cada vez mais inconstante e imprevisível. Também é fundamental ter flexibilidade para saber lidar com as mais diversas situações.

Respeite o ritmo natural da vida

Os processos naturais possuem seu próprio ritmo. Uma árvore não dá frutos de um dia para o outro, as flores não se desenvolvem em instantes, a lagarta demora um ano para se tornar uma borboleta.

Você já observou a paciência que um pássaro tem ao chocar seus ovos? Ele não está ali só esperando o ovo quebrar, ele o aquece a fim de criar as condições necessárias para que os filhotes se formem e nasçam.

E já notou um botão desabrochando? Ele não está só esperando que a flor se abra, mas trabalha intensamente para criar as formas, cores e odores que aquela flor terá ao se abrir.

Precisamos aprender com a natureza a deixar o imediatismo de lado e entender que tudo tem o seu tempo. Não podemos esperar resultados de um dia para o outro, pois isso apenas vai nos frustrar. É necessário nos manter em movimento, mas também fazer pausas, assim como a natureza nos ensina.

Ter paciência é reconhecer que algumas coisas não podem ser apressadas ou controladas e que precisam acontecer no seu próprio ritmo.

É impossível aprender algo novo sem paciência. Sem a atividade da paciência, que é o esforço naquilo que se quer aprender, não é possível que o aprendizado se realize.

Por meio dessas reflexões, te convido a observar, sentir e aprender com a nossa mãe natureza. Ela pode ser nossa grande professora e conselheira.

Conheça seus limites

Mesmo que a natureza exiba flexibilidade e força de adaptação, assim como nós, ela também apresenta limites.

O excesso de impacto, tanto na natureza como em nós, é altamente nocivo, pois ultrapassa a capacidade de adaptação e impede o desenvolvimento. O estresse exagerado prejudica um rio ou uma corrente sanguínea.

Um mar limpo, cristalino, livre de impurezas é muito mais belo e saudável, pois consegue se adaptar às situações e apresenta equilíbrio.

Precisamos buscar estar em harmonia, compreender que possuímos limites e afastar o estresse para que isto não comprometa nossa integridade física, mental e emocional.

Somos interdependentes

Na maioria das vezes, pensamos na natureza como algo que está "lá fora". Nós esquecemos que estamos fazemos parte dela. Toda a nossa energia, alimentos, matéria-prima são originados da mãe natureza. Ela é a causa, o meio e o efeito.

Viva em harmonia com a natureza e compreenda que ela é a nossa essência.

Banho de floresta

O banho de floresta, ou *shinrin-yoku* em japonês, é uma prática curativa incentivada pela saúde pública no Japão desde 1982. É uma espécie de terapia que consiste basicamente em ir para uma área de floresta ou mesmo um parque e passar algum tempo em contato com a natureza.

Quando passeamos em uma floresta, até nossa respiração melhora. O aroma das plantas, das madeiras, das frutas e vegetais afeta diretamente nosso sistema imunológico e ajuda até na prevenção do câncer.

O médico Yoshifumi Miyazaki, da Universidade de Chiba, no Japão, junto com outros pesquisadores, comprovou os benefícios da terapia florestal. Os resultados da pesquisa, publicada em 2009, mostram que o contato com ambientes florestais reduziu em 13% a concentração de cortisol no sangue das pessoas analisadas, em 2% a pressão sanguínea e em 18% a atividade do sistema nervoso simpático, responsável pelas respostas involuntárias a situações de perigo e estresse, além de uma diminuição de 6% na frequência cardíaca. Os dados foram acompanhados por uma melhora de 56% na atividade do sistema nervoso parassimpático, que responde a situações de calma, indicando um relaxamento biológico.

Há ainda um estudo que mostra que os aromas presentes em uma floresta agem de modo positivo no organismo humano, diminuindo o estresse e a irritação. Além disso, caminhar em uma área verde, como propõe o banho de floresta, ajuda a estabilizar a pressão arterial e a fortalecer a imunidade das pessoas. A pesquisa analisou os efeitos dos óleos essenciais e dos odores emitidos pelas árvores e sustenta a hipótese de que os pinheiros estão entre os maiores potenciais terapêuticos de uma floresta.

A ciência confirmou, então, que estar na natureza e em comunhão com os seres vegetais é um benefício real para a saúde.

Mas, claro, essa cura não acontece por milagre, é preciso que você faça do "estar na natureza" uma rotina de sua vida. Que sejam quinze minutos diariamente e, de preferência, com os pés no chão.

Uma das razões para o banho de floresta ser curativo é que, no ambiente natural, ou abraçando árvores, entramos em contato imediato com todas as essências aromáticas que estão livres na natureza. E elas possuem diversas propriedades medicinais que atuam através do olfato, diretamente no nosso sistema límbico.

Outra razão é que, quando estamos em ambiente natural, renovamos nossas energias descarregando na terra todas aquelas que estão desequilibradas. Tal fato é explicado pelas diferentes cargas elétricas que essas energias transportam e a terra, a natureza, são polos equilibradores dos excessos e das cargas atômicas que carregamos no nosso organismo.

Se você ainda acha que abraçar árvore é coisa de maluco, saiba que, de acordo com a ciência, o maluco é você que não faz isso.

A ECOLOGIA INTERIOR, SOCIAL E DA NATUREZA

No pensamento existe uma dualidade marcante, que faz parte da nossa natureza: a divisão. Dividimos a nossa percepção em duas partes: eu e o mundo, o espaço interior e o exterior, eu e os objetos, e assim por diante.

Percebemos o mundo como exterior a nós. Esquecemos que estamos vibrando numa sintonia energética, com todos os seres, que constituem o nosso planeta e que, por sua vez, fazem parte do cosmos. Exploramos a natureza do nosso planeta até não sobrar mais nada. Não nos damos conta de que estamos nos destruindo. Temos uma só preocupação, a consciência do ter, e não a do ser.

Segundo Amit Goswami, o mundo é feito de consciência, a qual é algo transcendental, está fora do espaço-tempo; não é local, está em tudo. É o que cria o mundo físico (material). A consciência é o que nos liga aos outros e ao mundo. Estamos intimamente conectados com a realidade. Não somos separados do mundo, mas, sim, somos o mundo. A verdadeira natureza humana é a das interpelações do homem-universo. A natureza do espírito pessoal e do universo é indivisível, inexistindo separação. A consciência está intimamente ligada a serenidade, harmonia e paz interior e exterior do ser humano. O recolhimento leva mais rápido ao silêncio ou paz interior, pela oração e meditação.

De acordo com Pierre Weil, há três consciências e ecologias. Nestes caminhos podemos enxergar a paz, necessitando de cada uma delas. Paz interior exige uma tomada de consciência: a ecologia interior. O viver em paz com os outros, entende por ecologia social, ou seja, a nossa harmonia com a sociedade e dentro dela. A consciência de viver em paz com a natureza (Gaia, a mãe Terra), abrange a ecologia ambiental.

Como as pessoas e, por extensão, todos os grupos a que pertencem podem ser mais saudáveis, produtivos e felizes? Integrando as ecologias:

- **Ecologia pessoal** – A paz consigo mesmo. É a consciência pessoal, manter a ecologia interna e o equilíbrio do corpo, das emoções, da mente e do espírito.
- **Ecologia social** – A paz com os outros. É a consciência social, encontrar meios para uma relação evolutiva na família, no trabalho e na sociedade.
- **Ecologia ambiental** – A paz com a natureza. É a consciência planetária. Nossa contribuição individual e coletiva com o planeta.

A transmissão da arte de viver em paz.

Fonte: Weil e Ribeiro, 1990.

O estado de harmonia, a paz interior, do ser em consonância com a terra, o sol, a lua, as árvores, as montanhas e os animais não estão apenas aí fora, mas vivem em nós como figuras e símbolos carregados de emoção. Indispensável para o despertar dessa consciência ecológica individual em cada cidadão do planeta é o dialogar, identificar e sintonizar-se com o lugar que o acolheu, com as energias que trabalham nesta construção do universo há 13,7 bilhões de anos.

A Terra nos dá tudo de que precisamos. Para vivermos com qualidade e em harmonia com a natureza, precisamos de um estado de equilíbrio dos ecossistemas em torno de nós. E, dessa forma, buscar a renovação do pacto natural entre Terra e Humanidade. A nossa retribuição deve ser o cuidado e o respeito pelos limites da Terra.

A educação ambiental propõe mudanças profundas no relacionamento do ser humano com o meio ambiente. Como um processo integrador do viver e conviver, tem como primeira meta preparar para a convivência do ser humano consigo mesmo, com os outros de sua própria espécie e os outros seres do planeta.

É importante não confundir Ecologia com Educação ambiental. Ecologia é uma ciência que estuda as relações entre os seres e entre estes e o ambiente. Educação ambiental é um processo que vai além da flora e da fauna, das plantas e dos bichos, propõe mudanças profundas no relacionamento do ser humano com o meio ambiente. O processo da educação ambiental utiliza os conhecimentos da Ecologia para interpretar as consequências das ações impostas pelo ser humano ao ambiente, forjadas em suas dimensões sociais, econômicas, políticas, culturais, éticas, científicas e tecnológicas.

As ecologias exteriores, social e da natureza derivam da ecologia interior feita de solidariedade, sentimento de religação com o todo, cuidado e amor. Ambas as ecologias estão ligadas diretamente.

RESGATE SUA NATUREZA

Lembre-se de que você é água
Deixe ir, flua, contorne os obstáculos, sinta, chore, limpe, lave a alma

Lembre-se de que você é fogo
Queime, aqueça, deseje, transmute, transforme, expanda

Lembre-se de que você é ar
Respire, observe, pense, comunique, movimente, transmita sua mensagem

Lembre-se de que você é como a terra
Dê, nutra, persista, construa, produza, materialize

Lembre-se de que você é espírito
Ouça a intuição, conheça-se, viva sua natureza, seja você!

A RECOMPENSA: EXPANSÃO DA CONSCIÊNCIA

Neste momento da nossa jornada, já nos percebemos conectados conosco, com as pessoas, com seres ao nosso redor e com a natureza. Essa energia é expressa por meio da vibração, por frequências, cuja expressão se dá em formas geométricas, também conhecidas como geometria sagrada.

A geometria sagrada está presente na natureza e nos dá um belo reflexo a ser contemplado enquanto navegamos nos desafios da nossa vida, buscando equilíbrio e harmonia.

Para ajudar neste movimento de reconexão com a natureza e expansão de consciência, a geometria sagrada conectada com estes aprendizados sistêmicos é a Flor da Vida.

Vamos utilizá-la aqui como um amuleto e como o símbolo do nosso movimento de expansão da consciência, para sair de velhos padrões repetitivos, cheio de traumas, sofrimento e separação e caminharmos em direção a um futuro de integração, união, abrindo e expandindo nossa consciência.

A repetição de circunferências cria anéis que, unidos, lembram imagens de flores, daí o nome de flor da vida. Ela simboliza a expansão da consciência, em que há a oportunidade de sair de consciências passadas por meio de

Geometria Sagrada Flor da Vida

uma plena e partir assim para o sucesso e realizações buscando a consciência do momento presente.

Apesar de o símbolo da flor da vida estar presente em muitas religiões e culturas, acredita-se que tenha surgido no antigo Egito. A figura geométrica aparece em diversas obras consagradas, como no Templo de Osíris, em Abydos, no Egito, que contém os mais antigos exemplos da Flor da Vida, que podem ser datados de 6.000 a 10.500 a.C.

A flor da vida é uma representação que nos faz lembrar de que somos seres conectados e interdependentes, nos tornando conscientes de que a ação de um indivíduo afeta o sistema todo. Este movimento acontece projetando-se para fora, como algo que se repete em linha reta: é a força masculina, que manifesta sua sabedoria e energia. Sua vontade ativa é transformada pela energia feminina, que gera em seu interior uma resposta: o filho, quem então regressa com a percepção de um plano reconhecido, a energia da criação.

Os egípcios entendem a trindade como um processo simultâneo e equilátero de dados enviados, recebidos e conscientizados. Por isso, o triângulo equilátero é a base do tetraedro, o primeiro sólido puro, a forma primária e masculina de tudo o que foi criado.

O processo se multiplica no tempo e no espaço, para a frente e para trás, para cima e para baixo, à direita e à esquerda. Ao girar esse volume a partir de um ponto de partida, de forma simultânea, constrói-se a esfera. É uma expressão de unidade, de totalidade e de integridade. Nenhum dos pontos da superfície é mais importante que o outro, e chega-se a todos da mesma forma: do seu centro de força e energia originária. Simboliza também a visão compartilhada, o entendimento mútuo.

A flor da vida se inicia com *Vesica Piscis*, que é o espaço compartilhado, a interseção entre a esfera inicial e a nova, gerada da sua borda. A partir dela, repetem-se sucessivamente os movimentos em direção à borda exterior, para gerar uma nova esfera.

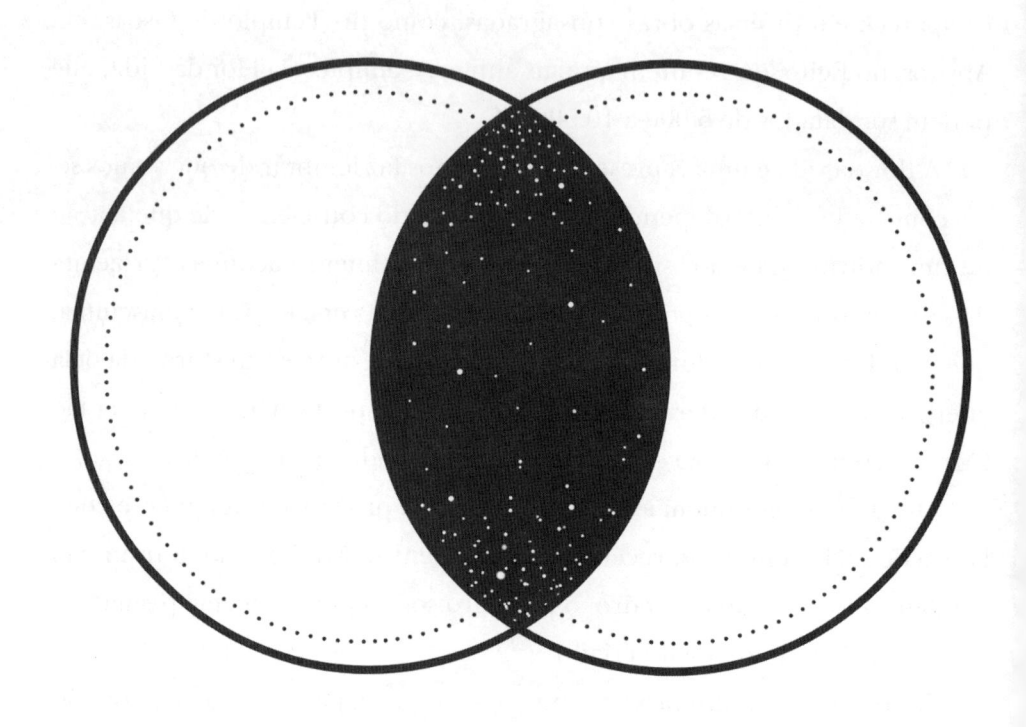

Geometria Sagrada *Vesica Piscis*

Cada uma delas é uma nova dimensão, um novo som na escala musical, uma nova cor na escala cromática. Assim, chega-se à última esfera e completa-se o primeiro ciclo, formando-se a semente da vida. Sete esferas, sete dias da criação, sete notas musicais, sete cores espectrais, sete chacras, sete músculos do coração, sete sistemas de glândula endócrinas.

Esse padrão geométrico repete-se infinitamente em espiral, pois é a base de tudo o que há e serve como princípio de que tudo é uma coisa só. A flor da vida revela que está tudo conectado, inseparável e único, e nos permite compreender as bases sagradas de toda a criação.

A geometria sagrada da flor da vida contempla todas as formas:

- **Semente da vida:** A semente simboliza o seu surgimento, o momento do nascimento.
- **Ovo da vida:** É a sua forma de expansão, de crescimento. É constituído pelos sete círculos que formam a primeira imagem de flor, é a representação do embrião; daqui nasce o cubo (um dos cinco sólidos platônicos).
- **Fruto da vida:** É o seu escudo, sua proteção. Formado por treze círculos, aqui ele apresenta uma forma mais expandida sendo chamada de planta arquitetônica do Universo. Traçando uma linha que parte do centro de cada círculo, onde se liga ao outro, tem-se em uma forma completa 78 linhas, que formam o cubo de Metatron.
- **Árvore da vida:** Sua forma final que fará com que novas sementes nasçam e expandam esse ciclo de vida. É a representação da Cabala, em que é possível sentir e entender as vibrações da mais pura criação, na conexão com o Universo.

Vale a pena lembrar que Leonardo da Vinci foi um dos principais estudiosos da flor da vida, tendo representações até mesmo em suas obras de arte.

Compreender a energia da flor da vida é poder se ligar à essência do Universo, compreender o todo. Quando nos conectamos a esta sabedoria, podemos trazer os diversos benefícios para nossa vida.

FLOR DA VIDA COMO ARQUÉTIPO

A flor da vida é o arquétipo de reconexão com a natureza, de integração e de expansão de consciência. Ela representa a unidade, a conexão, a interdependência, e nos permite compreender as bases sagradas de toda a criação e outros níveis de realidade.

Este arquétipo traz alinhamento com o divino, promovendo mais harmonia e paz interior. A união dos círculos representa o elo com todas as consciências, e consequentemente a união com o todo. Portanto, podemos dizer que a flor da vida nos ensina que em tudo estamos interconectados ao Universo e que todos somos um só.

Para entrar em contato com a energia desse arquétipo basta olhar a sua imagem por alguns minutos ou utilizar em seu processo de meditação. Este exercício pode ser realizado por meio da observação e da contemplação.

Desse modo, você vai assimilar a energia da flor da vida, utilizando-a como um poderoso amuleto para sua jornada heroica.

MEDITAÇÃO FLOR DA VIDA

Vamos meditar a partir da energia da Mandala Flor da Vida, que parte do centro do Universo e flui através de cada ser humano em direção ao centro da Terra, num movimento de ir e vir, de fluxo e trocas contínuas, que nos conecta à força criadora do Universo e nos traz a consciência de que somos um com o todo.

Em cada um dos chacras podemos transmutar e curar o que nos limita, para expansão de consciência e nutrição por essa energia sagrada.

Ache um lugar silencioso e confortável para realizar esta meditação. Realize algumas respirações profundas, sinta as sensações do seu corpo e permita-se aquietar a mente. De olhos fechados, você pode imaginar uma fonte de energia do Universo. Visualize no centro do cosmos um turbilhão de luz que gira e se movimenta muito rápido, sinta a força e o vigor que emanam dele. Desse centro, sai um feixe de luz brilhante em direção a você e entra pelo topo da sua cabeça.

Esta luz entra através do seu chacra coronário. Coloque as mãos na sua cabeça, sinta este vórtice de energia no topo dela, que nos conecta com a espiritualidade. Permita que esse feixe de luz, de uma linda tonalidade violeta, possa iluminar o seu cérebro e suas sinapses. Sintas as luzes pulsando no interior da sua mente, clareando seus pensamentos e limpando os apegos e memórias negativas que o prendem à densidade da matéria.

Agora, esse raio de luz se direciona para o local entre suas sobrancelhas onde está o seu terceiro olho, o seu chacra frontal. Ela adquire uma tonalidade azul-escura, que desperta sua intuição para a verdade. Coloque as mãos na região dos seus olhos e sinta seu terceiro olho se iluminar, os véus das ilusões começam a se levantar, clareando sua percepção, e você passa a enxergar mais claramente o que é real.

Essa luz caminha em direção à sua garganta, tomando uma tonalidade azul mais clara. É o seu chacra laríngeo, que guia sua voz e a sua expressão no mundo. Coloque as mãos no seu pescoço e sinta o calor dessa luz que invade essa região do seu corpo. Deixe-a iluminar o que você fala, como você se relaciona com o outro e como você constrói sua presença. Essa luz purifica a sua garganta para que você se expresse com verdade, desmascarando as mentiras que o mundo apresenta ou que você repete para si mesmo.

A Mandala Flor da Vida

Perceba que esse feixe de luz desce em direção ao seu coração. É o seu chacra cardíaco, sua fonte de energia de amor. Traga suas mãos para o peito, sinta seu coração batendo, firme e cheio de amor, de cuidado, de carinho. Se algum sentimento de tristeza existir, deixe que essa luz de pleno amor, de uma linda cor verde, da cor da natureza, brilhe e dissipe cada gota de relutância que exista em sentir. Deixe-se preencher com este amor que brilha, que flui pelo seu coração, pulmões, seu tórax inteiro, a pura cor verde de cura, de autocuidado e amor.

Então essa luz desce um pouco mais e chega à região do seu estômago. E o seu chacra do plexo solar se ilumina com uma belíssima cor amarela, da cor do sol vibrante. Ponha as mãos na altura do estômago e sinta a força da sua expressão e poder pessoal, do que você entrega de si ao mundo. Deixe a energia dessa luz amarelo-brilhante fluir através de você, para expressar seus talentos sem medo de ser julgado ou ser criticado. Você é perfeito, criado à imagem e semelhança de Deus, e tudo que expressa genuinamente como parte de sua essência constrói seu caminho de volta ao lar, ao mesmo tempo que emana ao seu redor a inspiração para que cada um ofereça também o melhor de si. Observe como seu corpo está ainda mais conectado e iluminado.

Do seu plexo solar, essa luz desce mais e chega ao seu ventre, na região do umbigo. É seu chacra umbilical, que ativa a energia de harmonia para os seus relacionamentos, a força da sexualidade, da conexão com o impulso de criação de uma nova vida, que se ativa em tons alaranjados. Coloque a mão no seu ventre e sinta seu umbigo, foi ele que esteve conectado à sua mãe por todo o período em que você foi gestado, que ativa em você o centro do prazer na vida. Permita-se viver o que você gosta, o que te faz feliz, um prazer merecido, pelo qual não precisa se sentir culpado. Saiba que, à medida que sua plena expressão está conectada à sua essência de amor, a liberdade de sentir prazer pelo dom da vida é parte natural da existência.

Descendo agora para a região entre as suas pernas, sinta agora seu chacra básico. Ponha as mãos sobre a região pélvica, mais embaixo na união do seu ventre com suas coxas. Sinta toda a energia de materialização das suas ações, dos seus sentimentos e desejos, e sinta o fluxo de energia de luz tomando uma cor vermelha, uma energia rubra brilhante, que desce entre suas pernas e vai até o solo e desce mais, como se estivesse criando raízes entre você e a Terra.

Sinta a energia dessas raízes descer ainda mais, ganhando mais força, até atingir o centro da Terra, trazendo força e coragem para ir em frente, ultrapassar os seus medos e materializar tudo aquilo que sonha, tomando para si a responsabilidade pela vida, buscando as forças e recursos para viver a sua natureza de criação e materialização.

Agora o fluxo ficou completo e a flor da vida se construiu através de você. Sinta que a luz que vem do Universo chegou até o centro da Terra através do canal que é você, e esta energia volta também através de você, mantendo-se em fluxo, em movimento constante. Cada um dos seus chacras está ativado, iluminado e conecta-se à linha mestra que dá sustentação ao seu corpo, à sua coluna, e serve de tubo de passagem das sinapses e conexões neurais com a sabedoria universal, realizando a conexão com o todo.

Você agora é um com este todo, cada um dos seus centros energéticos está iluminado, criando um elo contínuo com a divina força criadora. Você é um com o todo, e a flor da vida flui através de você. Você vai se preparando para voltar sua atenção ao momento presente, mantendo este estado de conexão e unidade.

COMPAIXÃO: O ELIXIR DA REVOLUÇÃO HUMANA

Paul Ekman, psicólogo americano e grande estudioso das emoções humanas, apaixonado pela teoria evolucionista de Charles Darwin, apresentou em um evento um debate pouco conhecido do famoso evolucionista sobre compaixão que revela um lado de seu pensamento ignorado por muitos.

Darwin, em 1871, onze anos antes de sua morte, publicou o livro *The descent of man, and selection in relation to sex* (em português, numa tradução livre "A descendência do homem e seleção em relação ao sexo"), que descreve o conceito de compaixão, como os humanos e outros animais agem em socorro de outros que estão em perigo.

Embora reconheça que tais ações fossem mais prováveis dentro do grupo familiar, ele descreveu que a maior realização moral se refere à preocupação com o bem-estar de todos os seres vivos, humanos e não humanos. Não é de se surpreender, dado o compromisso de Darwin para a continuidade da espécie, que ele afirmaria que a preocupação com o bem-estar dos outros não é uma característica exclusivamente humana.

Darwin cita um exemplo:

"Há vários anos, um zelador do Jardim Zoológico me mostrou algumas feridas profundas e mal curadas em sua nuca, causadas por um babuíno feroz, enquanto ele estava ajoelhado no chão. O macaquinho americano, um grande amigo do zelador e que morava na mesma dependência, ficou extremamente assustado com o grande babuíno. No entanto, assim que ele viu o amigo em perigo, correu para socorrê-lo, e, entre gritos e mordidas, conseguiu distrair o babuíno para que o homem fosse capaz de escapar, depois de correr um grande risco de vida."

De acordo com Darwin, a probabilidade de tais ações é maior quando quem auxilia tem alguma relação com a pessoa que necessita de ajuda. Mesmo aqueles que ele descreveu como sendo selvagens, colocariam suas vidas em risco por um membro de sua comunidade. Ele citou o "instinto materno" para explicar por que uma mãe não hesitará em resgatar o seu filho do perigo, mesmo quando isso signifique expor-se a essa mesma ameaça.

Reconheceu também que alguns indivíduos ajudam completos estranhos em perigo, e não só parentes, entes queridos ou membros de uma mesma comunidade. Sem especificar se representavam a maioria ou, simplesmente, uma ocorrência frequente, Darwin escreveu que "muitos dos homens civilizados" agiriam com bravura para ajudar um estranho, mesmo que isso implicasse risco para suas próprias vidas.

Esse heroísmo relacionado a estranhos não se limita aos homens civilizados. A linha de pensamento de Darwin foi corroborada pelo estudo contemporâneo de Moore sobre indivíduos excepcionais que socorrem outros pondo em risco suas próprias vidas.

Darwin não leva em consideração a compaixão para com estranhos, mesmo sob próprio risco de vida, que está presente apenas em alguns indivíduos. Existe uma predisposição genética para tais preocupações, ou isso é apenas resultado de alguma combinação entre a natureza e a criação? Além disso, Darwin não escreveu sobre a possibilidade de se cultivar tal compaixão por estranhos naqueles que não a possuem.

No entanto, Darwin oferece uma explicação da origem da compaixão. Quando a dor ou o sofrimento é testemunhado involuntariamente, é como se a testemunha experimentasse o sofrimento da pessoa. De acordo com esta linha de raciocínio, a testemunha age para diminuir o sofrimento da outra pessoa e, dessa forma, diminuir o seu próprio sofrimento tendo como base a empatia.

Darwin não explica por que tais respostas empáticas não aparecem em todos os indivíduos. Seria esta uma característica evolutiva do ser humano? Seja qual for a sua origem, Darwin propôs que a seleção natural favorece o ato da compaixão.

Por mais complexa a conduta na qual esse sentimento possa ter sido originado, uma vez que é de grande importância para todos aqueles animais que socorrem e defendem uns aos outros, ela terá sido reforçada pela seleção natural? As comunidades que incluem o maior número de membros mais compassivos prosperam mais e criam melhor a prole?

De quanto tempo de evolução da humanidade ainda precisaremos para ver que todos os seres humanos são semelhantes entre si? Ampliar a compaixão além das fronteiras com certeza será uma das mais nobres virtudes.

No entanto, ao contrário da expectativa de Darwin, não existem países conhecidos, hoje ou no passado, onde a compaixão e o altruísmo em relação a estranhos são manifestados pela maioria da população. A razão, que deveria ser óbvia, segundo ele, é de que as pessoas devem ser compassivas não só com estranhos em sua própria nação, e sim estender esta preocupação a todas as pessoas, de todas as nações e raças.

A impressionante semelhança entre Darwin e a mais alta virtude moral do ponto de vista budista (todos os seres sencientes) e as origens da compaixão (ambos atribuem a diminuição de seu próprio sofrimento empático, e ambos observam que é mais forte em relação aos sentimentos de uma mãe para com seu filho) levantam a possibilidade de que as ideias de Darwin possam ter sido derivadas do ponto de vista das escritas budistas.

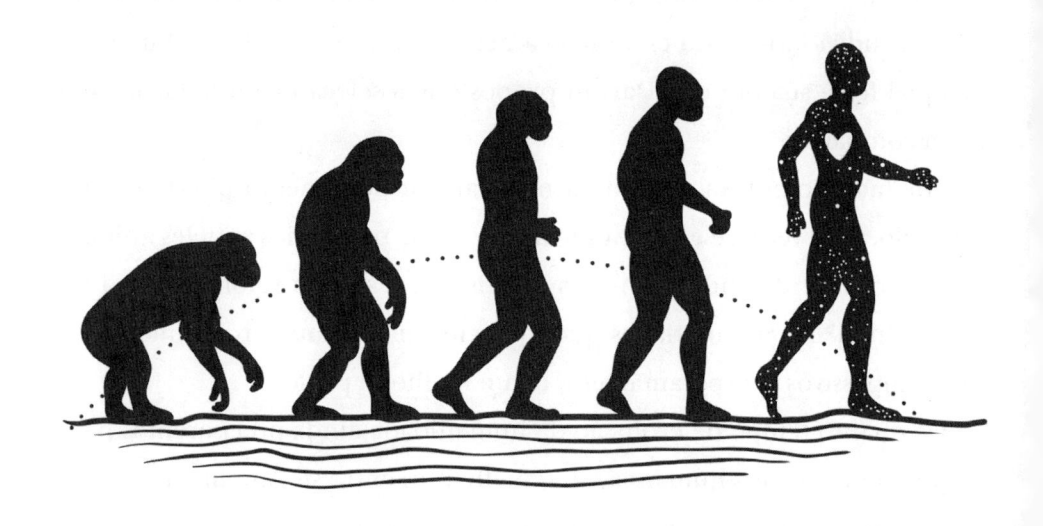

Será a Revolução Humana a sobrevivência do mais compassivo?

No entanto, a origem das ideias de Darwin sobre moralidade e compaixão aparecem em suas anotações, cinco anos antes de ele aprender sobre budismo com seu grande amigo J.D. Hooker.

Ao concluir a introdução de sua edição do livro de Darwin, Moore e Desmond enfatizaram: "[...] aspectos humanos dos valores de Darwin: dever, altruísmo e compaixão".

Os pensamentos de Darwin sobre a compaixão, o altruísmo e a moralidade certamente mostram um lado diferente das preocupações deste grande pensador, conhecido pela famosa frase: "a sobrevivência do mais adaptado" (uma citação de Spencer, não de Darwin).

O QUE É A COMPAIXÃO?

Compaixão é o desejo de aliviar a dor do outro. Afinal, como podemos viver em paz sabendo que existe sofrimento à nossa volta? Dalai Lama define a compaixão como "uma sensibilidade ao sofrimento do *self* e dos outros, com um profundo compromisso para tentar aliviá-lo".

Para entender o que é compaixão, é necessário considerar que se trata de um sentimento gerado dentro de cada um de nós, como acontece com qualquer outro, porém se diferencia, pois nos leva à ação. Nesse sentido, quando alguém se compadece por um indivíduo, não está sentindo pena, mas, sim, mostrando respeito à sua dor e tomando alguma atitude para amenizá-la. É aí que está sua beleza, no desejo de querer ajudar para fazer o bem.

Segundo Dalai Lama, o ser humano pode experimentar dois tipos de compaixão. O primeiro é biológico, ou seja, faz parte do instinto, é o que leva as mães a cuidarem dos seus filhos e se preocuparem com o bem-estar deles desde o nascimento, por exemplo. Inclusive, esse cuidado pode ser observado, também, no mundo animal entre diversas espécies, com maior destaque para os mamíferos. Muitos filhotes sequer sobreviveriam se não fossem os cuidados que recebem de suas mães e famílias.

O segundo tipo de compaixão é aquele que se utiliza da inteligência humana para expandir o sentimento de ordem biológica. Dessa forma, por meio do seu conhecimento, uma pessoa pode sim aprender a ter compaixão e utilizá-la para espalhar o bem não apenas entre amigos e familiares, mas também a outros seres que estiverem em necessidade. É dessa forma que cada um poderá fazer a sua parte e contribuir para um mundo melhor.

Para ele, uma das principais diferenças entre os dois tipos de compaixão é o fator biológico e social. As pessoas vão limitar o sentimento aos entes queridos, como amigos e família. Porém, quando se utiliza a consciência e a inteligência para treiná-la, é possível expandi-la, a fim de fazer o bem também para indivíduos que não conhece ou, até mesmo, aos seus não amigos.

Assim como diversos outros tipos de comportamento podem ser treinados e desenvolvidos, o mesmo acontece com a compaixão. Se você estiver disposto a se preocupar com o bem-estar dos outros de forma genuína, basta que dê o seu melhor para desenvolver esse sentimento em seu interior, ampliando a compaixão biológica que nasceu contigo.

> "Ter compaixão pelos outros nos libera do medo... direciona nossa atenção para fora, expandindo a nossa perspectiva, fazendo com que nossos problemas sejam parte de algo maior do que nós, em que estamos todos inseridos, juntos."
> Thupten Jinpa

COMO DESENVOLVER A COMPAIXÃO?

A compaixão nos ajuda a resgatar nossa humanidade, a nos conectar genuinamente com os outros, conservar relacionamentos e seguir em frente, ao mesmo tempo que estimula a inteligência emocional e o bem-estar.

Ela é uma presença gentil e amigável em face do que é duro. Seu poder está nos conectando com as dificuldades e nos oferece uma abordagem que difere do afastamento que normalmente fazemos no nosso dia a dia.

Começamos a desenvolvê-la por meio da empatia, aquele sentimento de conexão com o outro. Empatia e compaixão andam juntas porque é por meio delas que imaginamos a dor que o outro sente, e a partir daí vem o desejo de diminuí-la. Quando podemos reconhecer a semelhança da condição humana, algo belo acontece, diminuímos a crueldade sutil da indiferença.

Para que a compaixão seja genuína, é essencial que os julgamentos sejam deixados de lado. Por isso, ao invés de julgar e focar nas atitudes de uma pessoa, quando há compaixão, é possível olhar apenas para o que ela está passando naquele momento. O julgamento deve ser evitado porque ele limita a compaixão e a transforma em um simples sentimento de pena, que não contribui e não transforma.

O QUE É AUTOCOMPAIXÃO?

A autocompaixão envolve tratar a si mesmo da maneira como trataria uma pessoa que está passando por momentos difíceis, mesmo que ela estrague tudo ou se sinta inadequada, ou apenas esteja enfrentando um difícil desafio na vida. A definição mais completa envolve três elementos centrais que usamos quando estamos com dor: bondade própria, humanidade comum, ou seja, o reconhecimento de que todos cometem erros e sentem dor, necessitando de atenção plena.

Pessoas que possuem mais autocompaixão tendem a ter maior felicidade, satisfação com a vida e motivação, melhores relacionamentos e saúde física, e menos ansiedade e depressão. Também têm a resiliência necessária para lidar com eventos estressantes da vida, como crises de saúde, fracassos, separações, perdas e até mesmo traumas.

Quando estamos atentos às nossas lutas e respondemos a nós mesmos com compaixão, bondade e apoio em momentos de dificuldade, as coisas começam a mudar. Podemos aprender a abraçar a nós mesmos e às nossas vidas, apesar das imperfeições internas e externas, e nos fornecer a força necessária para superar os momentos desafiadores e prosperar.

> "[...] autocompaixão pode aumentar a motivação para o autodesenvolvimento, já que encoraja as pessoas a confrontarem seus equívocos e fraquezas, sem se depreciar ou autoengrandecer."
> Juliana G. Breines e Serena Chen

EXERCÍCIOS DE AUTOCOMPAIXÃO

1º: Este é um exercício da especialista em resiliência Linda Graham para mudar nossa consciência e trazer aceitação à experiência do momento. Ajuda a praticar a quebra de autocompaixão quando qualquer sentimento perturbador ou angústia emocional ainda for razoavelmente controlável – criando e fortalecendo os circuitos neurais que podem fazer essa mudança e recondicionamento quando as coisas estão realmente difíceis.

É um exercício para quando você notar uma onda de emoção difícil, como: culpa, desprezo, remorso, vergonha. Faça uma pausa, respire profundamente, coloque a mão no coração (isso ativa a liberação de oxitocina, o hormônio da segurança e da confiança).

Tenha empatia com sua experiência, reconheça e nomeie seu sofrimento, dizendo a si mesmo: "me sinto culpado, e isso é perturbador", "isso é difícil pra mim", "isso é assustador!", "isso é doloroso" ou "isso dói", ou algo semelhante, para reconhecer e se preocupar com você mesmo quando você vivenciar algo angustiante.

Repita essas frases para você mesmo:

"Que eu seja gentil comigo mesmo neste momento."

Isso quebra a automaticidade de nossas respostas de sobrevivência e ciclos de pensamento negativo.

"Posso aceitar este momento exatamente como ele é."

William James, considerado o fundador da psicologia americana, escreveu: "Aceitar o que aconteceu é o primeiro passo para superar as consequências de qualquer infortúnio".

"Que eu possa me aceitar exatamente como sou neste momento."

Do psicólogo humanista Carl Rogers: "O curioso paradoxo é que, quando me aceito exatamente como sou, posso mudar".

"Que eu possa dar a mim mesmo toda a compaixão de que preciso."

A compaixão é um recurso para a resiliência, e você merece tanto sua própria compaixão quanto os outros.

Continue repetindo as frases até sentir a mudança interna: a compaixão, a bondade e o cuidado consigo mesmo se tornando mais fortes do que a emoção negativa inicial.

Faça uma pausa e reflita sobre os aprendizados desta experiência.

2º: Este exercício foi criado por Kristin Neff, em seu livro: *Autocompaixão – Pare de se torturar e deixe a insegurança para trás*. Neste exercício ela nos ajuda a explorar a autocompaixão por meio de uma carta escrita.

Instruções para a carta:

Pense num amigo ou mentor que seja amável, aberto, bondoso e compassivo. Imagine que ele possa ver todos os seus pontos fortes e fraquezas, incluindo um aspecto de si mesmo que você ainda não consegue perceber.

Reflita sobre como esse amigo ou mentor se sente em relação a você. Você é amado e aceito exatamente como é, com todas as suas limitações e imperfeições humanas. Ele reconhece os limites da natureza humana, é amável e tolerante com você. Em sua grande sabedoria, compreende sua história, seus desafios, além de coisas que aconteceram na sua vida que fizeram você ser como é neste momento.

Escreva uma carta para si mesmo a partir da perspectiva desse seu amigo ou mentor. Essa pessoa conhece e entende você, e deseja o melhor para sua jornada.

O que ela diria a você sobre os desafios e oportunidades que você está enfrentando neste momento? Como transmitiria a empatia que sente por você? O que lhe escreveria para lembrá-lo de que você é apenas um ser humano e de que todas as pessoas têm pontos fortes e fracos? Que sugestões e conselhos ele lhe daria?

Escreva o que lhe vier à mente durante cinco minutos, com atenção plena e sem interrupções.

Depois de escrever a carta, deixe-a guardada por um período. Só após um tempo volte a lê-la, deixando que as palavras penetrem de verdade no seu coração. Sinta a compaixão enquanto ela entra em você, acalmando-o e confortando-o como uma brisa fresca em um dia quente.

O amor, a aceitação e a compaixão são seus superpoderes a partir de agora. Para receber, você só precisa se permitir olhar para dentro de si.

COMO LIDERAR O NOVO MUNDO?

Aqui chegamos ao fim e ao início da nossa jornada, desenvolvemos uma nova consciência, por meio do autoconhecimento reconhecemos nossos poderes e sabemos que todos somos capazes de criar uma vida plena, feliz e com significado.

Essa jornada nos ajuda a descobrir quem realmente somos e a honrar o que é essencial em nosso ser. Quando nos colocarmos a serviço das pessoas e do mundo, a partir do propósito da nossa alma, nunca mais seremos os mesmos. Nós nos transformamos, sabemos que ninguém pode se tornar um verdadeiro líder deste novo mundo sem empreender essa jornada.

Diga adeus a quem você foi um dia ou a como era o mundo antes, esqueça a ideia de voltar ao "novo normal". Essa ideia se tornou ultrapassada, o "velho normal" fez de nós pessoas traumatizadas, desconectadas, enlatadas, engarrafadas, pasteurizadas e robotizadas.

Em algum momento até gostamos de seguir as normas, e nos acomodamos na zona de estagnação, em que tudo era conhecido. Vestimos nossas máscaras, entramos em caixas e plastificamos a nossa vida, ao ponto de nos perder de nós mesmos.

Aceleramos a velocidade das coisas, das conquistas materiais, a velocidade da informação, da internet, dos carros, até dos áudios e dos vídeos. Apressamos o tempo e criamos um lapso, vivemos fora do ritmo da natureza.

E o que mais temíamos aconteceu, nossa realidade se tornou como a do filme *Click* (2006), protagonizado por Adam Sandler. Ele nos mostra a importância de valorizar o tempo, ter prioridades e como certas decisões influenciam a nossa vida.

Adam Sandler faz o papel de Michael Newman, um jovem arquiteto, pai de família em busca do sucesso profissional. Suas intenções são as melhores possíveis, garantir um futuro feliz e confortável para si e sua família. Nessa empreitada, ele deturpou seus valores, colocando o trabalho em primeiro lugar, deixando todas as outras coisas ficarem em segundo plano. Estressado e com péssimos hábitos alimentares, ele vê sua vida afundar no trabalho e na busca incessante pela promoção e pelo aumento de sua renda financeira, negligenciando o tempo que deveria ser dedicado à sua família e ao lazer.

Certo dia, tentando comprar um controle remoto universal que facilitaria a sua vida, ele acaba adormecendo em uma loja e descobre um instrumento poderosíssimo que lhe permite alterar o curso de sua vida. Cada vez mais encantado com o tal controle, ele percebe que pode adiantar episódios "desnecessários" do dia a dia até descobrir mais tarde que perdeu os momentos mais importantes de sua vida. Tornou-se rico e bem-sucedido, mas pagou um preço alto por isso. Adoeceu, não viu os filhos crescerem e perdeu a sua esposa para outro homem. Como se não bastasse, amargou a tristeza de não ter tido tempo nem para dizer ao seu próprio pai o quanto o amava, antes que falecesse. Um verdadeiro *spoiler* das nossas vidas normais, não?

No filme, no final, tudo não passou de um "sonho". Ele teve a oportunidade de recomeçar a vida, priorizando aquilo que é mais importante. Mas quantos de nós vivemos a vida da mesma forma, dormindo e vendo a vida passar antes de despertar a consciência para o que realmente importa?

Perdemos nosso estado natural de ser, geramos transtornos de pensamento acelerado, déficit de atenção e hiperatividade, déficit de natureza.

Nossas memórias do passado foram construídas por lembranças de experiências que vivemos, às vezes não tão boas. Lembramo-nos do que passou e, por isso, sentimos algo. Esses sentimentos podem ser: tristeza, arrependimento, satisfação, frustração, paz e muitos outros.

Nossas lembranças trazem diversos sentimentos que nos fazem reconhecer como chegamos até este momento, porém não contribuem muito para que possamos construir o nosso futuro.

Todo fim de cada ano renovamos nossas promessas, queremos tudo novo, um estilo de vida mais saudável, relacionamentos mais equilibrados, uma nova profissão, uma vida mais próspera. Em vez de criarmos novas promessas, precisamos criar nossa "memória de futuro", pois ela nos conduzirá onde queremos chegar.

Nas memórias do nosso passado, não nos lembramos de todos os detalhes e precisamos da nossa imaginação para preencher as lacunas. Para o cérebro, não existe diferença entre as memórias realmente vividas e imaginadas. Assim, podemos editar nossa história.

Tendo em vista esta perspectiva, convido-o a um último exercício para criar sua "memória de futuro" e começar a escrever sua nova história.

Escreva para si mesmo: Se tudo em minha vida, começando hoje, atender às minhas expectativas mais exigentes e superá-las, como será daqui a cinco anos? Como eu me vejo? Quem sou eu e o que estou fazendo? Como me sinto neste momento do tempo? Como são meus relacionamentos? O que é realmente importante para mim?

Para criar sua "memória de futuro", relaxe seu corpo e sua mente e se permita acessar livremente sua imaginação, sem autocrítica ou julgamentos.

Seja gentil e generoso com você mesmo. Dê um tempo para criar, como se fosse um arquiteto desenvolvendo o projeto da sua vida.

Não que o passado não seja importante, mas não o projetará para o futuro. Ao contrário, pode atrapalhá-lo ou prendê-lo, impedindo que você busque e projete coisas novas para sua vida.

É tempo de mudanças, nada permanecerá no mesmo lugar. Aceite isso e se permita levar pelo fluxo daquilo que chega e do que está por vir. Navegue pelas camadas mais elevadas da sua consciência.

Estamos vivendo um momento de aprendizagem, experiência, transformação e expansão da consciência. Sabemos que nossa sociedade precisa urgentemente de transformação e renovação, mas ainda não temos a capacidade de agir coletivamente. Por isso, precisamos iniciar esse movimento cuidando de nós mesmos, dos outros e agir de um lugar de compaixão e confiança.

Juntos, podemos criar esse movimento e iniciar a era da consciência humana. Acabou o tempo da competição, abrimos espaço para o tempo do autoconhecimento e da cooperação. Acabou o tempo do trabalho e da luta pela sobrevivência da maioria, em benefício de poucos que controlam. Acabou a era do ter, entramos na era do, em que a prosperidade e a abundância estarão disponíveis para todos, na qual a consciência humana e da natureza formam uma só. Todos os filhos da Terra a terão finalmente e poderemos descansar nos braços dela.

Somente através dessa revolução será possível a regeneração humana. A consciência humana tem agora essa oportunidade nas mãos. Mesmo que a maioria ainda não o faça, nunca houve antes tanta oportunidade, começando com cada um de nós.

A partir de agora poderemos liderar juntos esse movimento de revolução da consciência. Comece por você mesmo, influencie as pessoas ao seu redor; assim, juntos, criaremos um movimento de transformação que afetará o mundo todo.

E a pergunta que você pode se fazer diariamente para se manter conectado a isso é: Como posso me colocar a serviço, hoje?

"O futuro não pode ser previsto, mas pode ser imaginado e criado com amor. Os sistemas não podem ser controlados, mas podem ser projetados e reprojetados. [...] Não podemos impor nossa vontade a um sistema. Podemos ouvir o que o sistema nos diz e descobrir como suas propriedades e nossos valores podem trabalhar juntos para produzir algo muito melhor do que jamais poderia ser produzido somente por nossa vontade. Não podemos controlar sistemas ou resolvê-los. Mas podemos dançar com eles!"

Donella Meadows

REFERÊNCIAS

BARRETT, Richard. **A organização dirigida por valores: liberando o potencial humano para a performance e a lucratividade.** Tradução: Caio Brisolla, Roberto Ziemer. Rio de Janeiro: Elsevier, 2014.

BARRETT, Richard. **Coaching evolutivo: uma abordagem centrada em valores para liberar o potencial humano.** 1. ed. Rio de Janeiro: Qualitymark, 2015.

BERNE, Eric. **O que você diz depois de dizer Olá?** Tradução: Rosa R. Krausz. São Paulo: Nobel, 1988.

BERTALANFFY, Ludwig Von. **Teoria geral dos sistemas: Fundamentos, desenvolvimento e aplicações.** Tradução: Francisco M. Guimarães. Petrópolis: Vozes, 2010.

BOWLBY, John. **Apego e perda.** Vol. 1. **Apego: a natureza do vínculo.** 2. ed. São Paulo: Martins Fontes, 1990.

CAMPBELL, Joseph. **O herói de mil faces.** Tradução: Adail Ubirajara Sobral. São Paulo: Cultrix/Pensamento, 1989.

CAMPBELL, Joseph; MOYERS, Bill. **O poder do mito.** São Paulo: Palas Athena, 1990.

CAMPOS, Robson. **Desperte a sua mente.** Clube de Autores, 2020.

CAPRA, F.; LUISI, P. L. **The systems view of life: a unifying vision.** Cambridge: Cambridge University Press, 2014.

CARROLL, Lewis. **Alice no País das Maravilhas.** Tradução: Marcia Heloisa. Rio de Janeiro: DarkSide Books, 2019.

CHOPRA, Deepak; FORD, Debbie; WILLIAMSON, Marianne. **O Efeito Sombra.** São Paulo: Lua de Papel, 2010.

CLICK. Direção de Frank Coraci. Estados Unidos: Columbia Pictures, 2006.

DARWIN, Charles. The descent of man, and selection in relation to sex. In: MOORE, J.; DESMOND, A. (eds.). New York, NY: Penguin, 2004.

EKMAN, Paul. A natureza humana sob a visão compassiva de Darwin. **Buda Virtual**, 16 nov. 2014. Disponível em: https://www.budavirtual.com.br/um-ensinamento-de-darwin-que-voce-nunca-aprendeu/. Acesso em: 08 jul. 2021.

FALANDO sobre Pulsão de Vida. **Psicanálise Clínica**, 13 jan. 2020. Disponível em: https://www.psicanaliseclinica.com/pulsao-de-vida-pulsao-de-morte/. Acesso em: 11 jun. 2021.

FREUD, Sigmund. **Recordar, repetir e elaborar (Novas recomendações sobre a técnica da Psicanálise II).** Edição Standard Brasileira das obras psicológicas completas de Sigmund Freud. Vol. XII. Rio de Janeiro: Imago, 1980.

GILBERT, Paul. Uma introdução à terapia focada na compaixão na terapia cognitivo-comportamental. **International Journal of Cognitive Therapy**, 3(2), p. 97-112, 2010. Disponível em: https://www.academia.edu/36387382/. Acesso em: 08 jul. 2021.

GOSWAMI, Amit. **O universo autoconsciente: como a consciência cria o mundo material.** Amit Goswami com Richard E. Reed e Maggie Goswami. Tradução: Ruy Jungmann. 2. ed. São Paulo: Aleph, 2008.

HAYES, S.; STROSAHL, K; WILSON, K. **Terapia de Aceitação e Compromisso: o processo e a prática da mudança consciente.** 2. ed. Porto Alegre: Artmed, 2021.

HELLINGER, Bert. **Meditações.** Tradução: Maria Elizabeth Cruz Lima. São Paulo: Produção da ABC Sistemas, 2012.

JUNG, Carl Gustav. **Os arquétipos e o inconsciente coletivo.** Tradução: Maria Luíza Appy, Dora Mariana R. Ferreira da Silva. 2. ed. Petrópolis: Vozes, 2002.

JUNG, Carl Gustav. **Tipos psicológicos.** Tradução: Lúcia Mathilde Endlich Orth. Petrópolis: Vozes, 2009.

LANG, Olivia. Vícios têm origem em traumas e não estamos atacando as causas do problema. **BBC News Brasil**, 18 nov. 2019. Disponível em: https://www.bbc.com/portuguese/internacional- 50459101. Acesso em: 11 jun. 2021.

LISPECTOR, Clarice. **A Descoberta do Mundo.** Rio de Janeiro: Rocco, 1999.

LOUV, Richard. **A última criança da natureza.** Tradução: Rodrigo Garcia Lopes. São Paulo: Aquariana, 2016.

MACY, Joanna. **Joanna Macy & Her Work.** Disponível em: https://www.joannamacy.net/. Acesso em: 11 jun. 2021.

MARTINS, Roberto de Andrade. **Universo: teorias sobre sua origem e evolução.** São Paulo: Editora Livraria da Física, 2012.

MATÉ, Gabor. **The Wisdom of Trauma.** Disponível em: https://thewisdomoftrauma.com/. Acesso em: 11 jun. 2021.

NEFF, Kristin. **Autocompaixão: Pare de se torturar e deixe a insegurança pra trás.** Tradução: Beatriz Marcante Flores. Teresópolis: Lúcida Letra, 2017.

PERSONAL VALUES ASSESSMENT. **Understanding your values.** Disponível em: https://www.valuescentre.com/tools-assessments/pva/. Acesso em: 30 nov. 2020.

PESSOA, Fernando. **Novas Poesias Inéditas.** 4. ed. Lisboa: Ática, 1973.

RAMATIS. **O astro intruso e o novo ciclo evolutivo da terra.** Psicografado por Hurthan de Shidha. São Paulo: Grupo de Estudos Swami Vivekanada, 2005.

REGIS, Leda. **Coaching Sistêmico: Um caminho de conquista através do Ser.** Salvador: Pessoal, 2013.

Revista Conexão Moderna. Disponível em: www.conexaomoderna.com/admin/upload/Revista%20Conexao%20Moderna%20V1N1A1.pdf. Acesso em: 15 abr. 2021.

ROCHA FILHO, João Bernardes de. **Física e Psicologia.** 4. ed. Porto Alegre: EdiPUCRS, 2007.

ROSA, João Guimarães. **Grande Sertão: Veredas.** Vol. II. São Paulo: Nova Aguilar, 1994.

SCHARMER, Otto. **Teoria U: como liderar pela percepção e realização do futuro emergente.** Tradução: Edson Furmankiewicz. Rio de Janeiro: Elsevier, 2010.

SCHARMER, Otto; KAUFER, Katrin. **Liderar a partir do futuro que emerge: A evolução do sistema econômico ego-cêntrico para o eco-cêntrico.** Tradução: Cristina Yamagami. Rio de Janeiro: Alta Books, 2019.

SENGE, Peter. **A quinta disciplina. Arte, teoria e prática da organização de aprendizagem.** Tradução: Gabriel Zide Neto. São Paulo: BestSeller, 1990.

SILVA, Reinaldo Duarte da. Como ser mais Compassivo: Um guia atento para a compaixão. Universo Empático, s.d. Disponível em: https://universoempatico.com.br/como-ser-mais-compassivo-guia-para-compaixao/. Acesso em: 08 jul. 2021.

SMUTS, Jan Christiaan. **Holism and Revolution.** Franklin Classics, 2018.

SEIS necessidades humanas por Tony Robbins. **Global Mentoring Group**, 4 ago. Disponível em: https://globalmentoring group.com/seis-necessidades-humanas/. Acesso em: 15 abr. 2021.

STEINER, Claude. **Os papéis que vivemos na vida.** Tradução: George Schlessinger. Rio de Janeiro: Arte Nova, 1976.

TAVARES, Felipe. As principais características do pensamento sistêmico. **Instituto de Desenvolvimento Regenerativo**, s.d. Disponível em: https://desenvolvimento-regenerativo.com/caracteristicas-do-pensamento-sistemico/. Acesso em: 08 jul. 2021.

VOGLER, Christopher. **A jornada do escritor: estruturas míticas para escritores.** Tradução: Ana Maria Machado. 2. ed. Rio de Janeiro: Nova Fronteira, 2006.

WAINER, Ricardo et al. O Desenvolvimento da Personalidade e Suas Tarefas Evolutivas. In: Idem: **Terapia Cognitiva Focada em Esquemas.** Porto Alegre: Artmed, 2016.

WARE, Bronnie. **Antes de partir: Os 5 principais arrependimentos que as pessoas têm antes de morrer.** Tradução: Chico Lopes. São Paulo: Geração Editorial, 2017.

WEIL, Pierre. **A arte de viver em paz: por uma nova consciência e educação.** Tradução: Helena Roriz Taveira, Hélio Macedo da Silva. São Paulo: Gente, 1993.

YOUNG, Jeffrey E.; KLOSKO, Janet S. **Reinvente sua vida.** Tradução: Rafaelly Bottega Pazzin. 2. ed. Novo Hamburgo: Sinopsys, 2020.

YOUNG, Jeffrey E; KLOSKO, Janet S.; WEISHAAR, Marjorie. **Terapia do esquema: guia de técnicas cognitivo-comportamentais inovadoras.** Tradução: Roberto Cataldo Costa. Porto Alegre: Artmed, 2008.

ZAROGAZA, Frederico Mayor. Evolução ou Revolução. **Ópera Mundi**, 7 mar. 2012. Disponível em: http:// operamundi.uol.com.br/conteudo/opiniao/20372/evolucao+ou+revolucao.shtml. Acesso em: 11 jun. 2021.

Leia também:

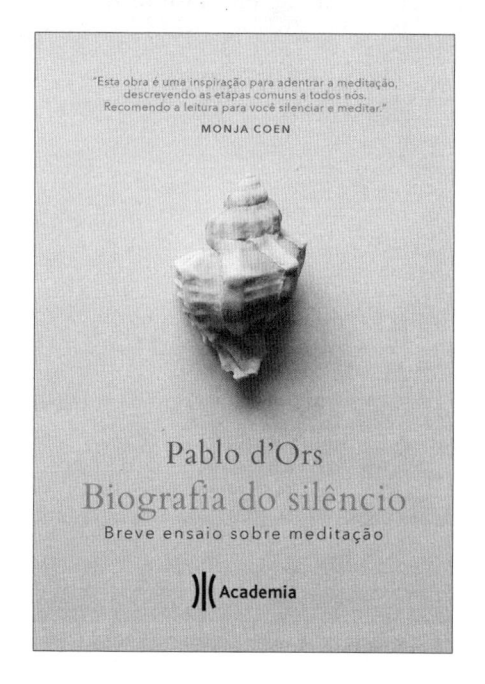

"Esta obra é uma inspiração para adentrar a meditação, descrevendo as etapas comuns a todos nós. Recomendo a leitura para você silenciar e meditar."

MONJA COEN

Pablo d'Ors
Biografia do silêncio
Breve ensaio sobre meditação

)|(Academia

Rafa Brites

Síndrome da Impostora

Por que NUNCA nos achamos boas o suficiente?

)|(Academia

MONJA COEN

TEMPO DE CURA

Como podemos nos tornar seres completos, firmes e fortes

)|(Academia

MARIAN ROJAS ESTAPÉ

COMO FAZER COM QUE COISAS BOAS ACONTEÇAM

Entenda seu cérebro, gerencie suas emoções, melhore sua vida

Academia

Walter Riso

Amar ou depender?

Como superar o apego afetivo e fazer do amor uma experiência plena e saudável

)|(Academia

Stéphane Garnier

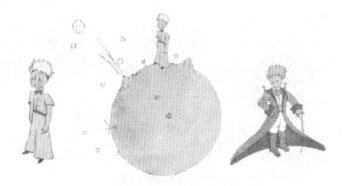

AGIR E PENSAR COMO

O Pequeno Príncipe

)|(Academia

TIAGO BRUNET

ESPECIALISTA EM
PESSOAS

SOLUÇÕES BÍBLICAS E INTELIGENTES PARA LIDAR COM TODO TIPO DE GENTE

AUTOR BEST-SELLER COM MAIS DE MEIO MILHÃO DE LIVROS VENDIDOS

))((Academia

WILLIAM H. MCRAVEN

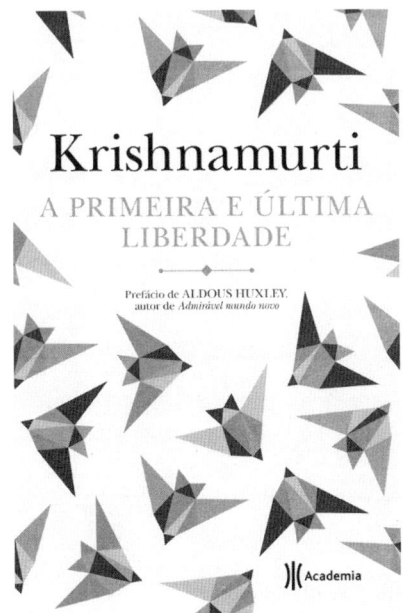

MAIS DE 4 MILHÕES DE LIVROS VENDIDOS NO MUNDO
60 MIL EXEMPLARES VENDIDOS NO BRASIL

ARRUME A SUA CAMA

PEQUENAS ATITUDES QUE PODEM MUDAR A SUA VIDA ...E TALVEZ DO MUNDO

)|(Academia

Krishnamurti

A PRIMEIRA E ÚLTIMA LIBERDADE

Prefácio de ALDOUS HUXLEY, autor de *Admirável mundo novo*

)|(Academia

**Acreditamos
nos livros**

Este livro foi composto em New Baskerville
e impresso pela Geográfica para a
Editora Planeta do Brasil em janeiro de 2022.